大谷翔平とMLBが100倍好きになる本

SHOHEI OHTANI & MLB
PERFECT GUIDE BOOK 2023

監修 福島良一

宝島社

SHO-TIMEは、まだ始まったばかり

今年３月を境に、テレビ番組でＭＬＢ（メジャーリーグベースボール）の話題が日常的に放送され、スポーツ紙でもＭＬＢ関連の記事が占める割合が増えている。３月に開催されたワールド・ベースボール・クラシック（ＷＢＣ）で侍ジャパンが優勝し、世界一となったことが要因だろう。

あまりにドラマチックな大会だった。２月の日本代表の強化合宿から、選手のＳＮＳでチームの結束が高まる様子が随時発信された。大谷翔平選手が３月上旬にアメリカから合流した際は桁違いの打球を練習から披露し、大いに期待が高まった。「メジャーリーガー・大谷」を直接見ることができるチャンスに、国内で開催された強化試合、本戦の東京ラウンドは連日の満員御礼。準決勝、決勝の劇的な幕切れも含め、ＷＢＣをきっかけに大谷選手のファンはより広くよりディープに、そしてＭＬＢ自体に興味を持つ人もこれまで以上に増えているではないだろうか。

大谷選手は２０１８年にロサンゼルス・エンゼルス移籍以来、ケガと戦いながらも投打二刀流選手としてＭＬＢの記録をつくり続けてきた。２０２１年には投打両部門でオールスター

に出場し、２０２２年は投打ともにシーズン規定投球回・規定打席をクリア、２００奪三振&30本塁打をマーク。いずれもＭＬＢ史上初の記録だった。そして、今季も新たな記録に向かって日々邁進している。２桁勝利&２桁本塁打&２桁盗塁、２桁勝利&打率３割・30本塁打・１００打点、20勝&40本塁打……。今まで誰も達成していなかった、これらの「史上初」は大谷選手にとっては決して夢物語ではないのだ。

大谷選手が日本のみならず、全米の人々の心をつかんでいる理由は、成績だけではない。くるくると変わる表情、にじみ出る愛嬌、年齢以上に成熟した魂が、観る人たちを魅了するのではないか。また、ＭＬＢを愛する人々にとっては、大谷選手の活躍によって過去の記録を掘り起こされ、かつてのスーパースターが生き生きとよみがえってくるのだ。

その人を深く知るには、背景を知ることもまた近道。本書は大谷選手をさまざまな角度から紹介しつつ、ＭＬＢをより興味深く観戦できる情報を詰め込んだ。読了後、大谷選手とＭＬＢを「１００倍」好きになってくれたら幸いである。

福島良一（大リーグ評論家）

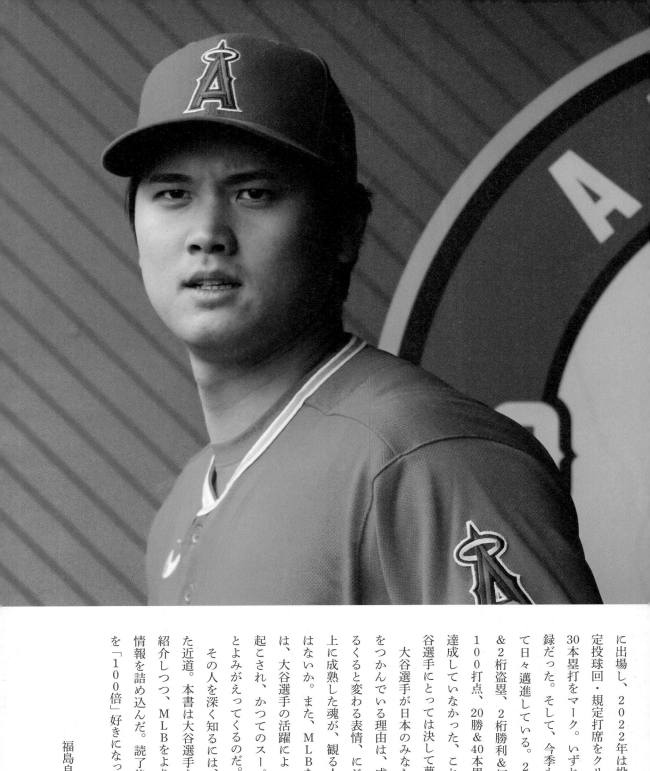

一発目は中越え「トラウタニ弾」

1号

4月2日　3番DH

DATA

アスレチックス戦
（オークランドコロシアム）
投手: ケン・ウォルディチャック（左）／場面:5回無死／カウント:0–0
打球速度:178キロ／角度:27度／飛距離:136メートル

2戦連発は2ラン！

2号

4月3日　3番DH

DATA

シアトル・マリナーズ戦
（T-モバイルパーク）
投手:ジョージ・カービー（右）／場面:5回無死一塁／カウント:1–1
打球速度:178キロ／角度:26度／飛距離:131メートル

雄星から通算3本目&初兜！

3号

4月9日　3番DH

DATA
ブルージェイズ戦
（エンゼルスタジアム）
投手：菊池雄星（左）／場面：3回
1死一塁／カウント：2-1
打球速度：175キロ／角度：23度
／飛距離：121メートル

あの興奮が蘇る！

大谷翔平 2023年 本塁打 ベストショット15+1

6月2日時点で大谷翔平選手が放った全15本塁打を詳細データとともに紹介。ホームラン王争いでは現時点でリーグ2位。今シーズンこそ、日本人初の本塁打王獲得はなるのか？　毎日、目が離せない！

旧ヤンキースタジアム開場100周年記念日に一発！

4号

4月18日　2番DH

DATA

ヤンキース戦
（ヤンキー・スタジアム）
投手:クラーク・シュミット（右）／場面:１回無死二塁／カウント:2-0
打球速度:188キロ／角度:19度／飛距離:119メートル

センターへダメ押し2ラン

6号

4月26日　3番DH

DATA

アスレチックス戦
（エンゼルスタジアム）
投手:チャド・スミス（右）／場面:8回1死一塁／カウント:1-1
打球速度:167キロ／角度:34度／飛距離:122メートル

5号

4月23日　3番DH

ウォード、トラウトに続く3者連続弾

DATA

ロイヤルズ戦
（エンゼルスタジアム）
投手：ジョーダン・ライルズ（右）／6回無死／カウント：2–2
打球速度：173キロ／角度：25度／飛距離：126メートル

初球を今季最速、184キロ弾

7号

4月30日　3番DH

DATA

ブルワーズ戦
（アメリカンファミリーフィールド）
投手：コリン・レイ（右）／場面：3回2死／カウント：0-0
打球速度：184キロ／角度：39度／飛距離：126メートル

9号

5月15日　3番 投手

DATA

オリオールズ戦
（オリオールパーク）
投手：グレイソン・ロドリゲス（右）／場面：4回1死一、二塁／カウント：0 -0
打球速度：184 キロ／角度：27度／飛距離：139メートル

通算7本目の「リアル二刀流」アーチ

膝がつきそう!カーブすくい上げ弾

8号

5月10日　3番DH

DATA

アストロズ戦
（エンゼルスタジアム）
投手：ライアン・プレスリー（右）／
場面：9回無死一塁／カウント：1-2
打球速度：165キロ／角度：31度／
飛距離：124メートル

10号

5月18日　3番DH

DATA

オリオールズ戦
（オリオールパーク）
投手：タイラー・ウェルズ（右）／場面：1回2死／カウント：0-1
打球速度：161キロ／角度：32度／飛距離：115メートル

MLBで5度目の2桁アーチ

11号

5月20日　3番DH

DATA

ツインズ戦
（エンゼルスタジアム）
投手：ルイ・バーランド（右）／場面：6回無死／カウント：3-2
打球速度：165キロ／角度：33度／飛距離：126メートル

内角高めの直球をフルスイング！

12号

吉田との侍ジャパン対決でテンションマックス！

5月24日　3番DH

DATA

レッドソックス戦
（エンゼルスタジアム）
投手：ジェームズ・パクストン（左）／場面：3回1死／カウント：0-1
打球速度：170キロ／角度：30度／飛距離：121メートル

打った瞬間、確信弾!!

13号

5月30日　3番DH

DATA

ホワイトソックス戦
(ギャランティードレートフィールド)
投手:ルーカス・ジオリト(右)／場面:4回無死／カウント:0-2
打球速度:177キロ／角度:30度／飛距離:133メートル

今季5度目の「トラウタニ弾」

14号

5月31日　3番DH

DATA

ホワイトソックス戦
（ギャランティードレートフィールド）
投手：ランス・リン（右）／場面：3回1死一塁／カウント：0-0
打球速度：172キロ／角度：30度／飛距離：130メートル

2打席連発は140メートル弾丸アーチ！

15号

5月31日　3番DH

DATA

ホワイトソックス戦
（ギャランティードレートフィールド）
投手：ランス・リン（右）／場面：4回1死二塁／カウント：3 -2
打球速度：180キロ／角度：30度／飛距離：140メートル

校了直前に…！

16号

6月6日　2番DH

DATA

カブス戦
（エンゼルススタジアム）
投手： ヘイデン・ウェスネスキ（右）／場面：4回無死／カウント：2 – 2
打球速度：166キロ／角度：24度／飛距離：114メートル

誠也の頭上を襲う“審判協議”弾

大谷翔平とMLBが100倍好きになる本

写真 Getty Images、アフロ、AP/ アフロ、ロイター / アフロ、スポニチ / アフロ、日刊スポーツ / アフロ、東京スポーツ / アフロ、GRANGER.COM/ アフロ、USA TODAY Sports/ ロイター / アフロ、共同通信イメージズ、Everett Collection/ アフロ、REX/ アフロ、UPI/ アフロ

カバー&本文デザイン・DTP 田辺雅人

編集・取材・文 丸井乙生（アンサンヒーロー）

CONTENTS

やっぱりユニコーン！

大谷翔平「7大伝説」

ユニコーンとは、神話に登場する一角獣で伝説の生き物のことだが、
欧米ではめったにお目にかかれない存在、現実離れした人間をそう呼ぶ場合がある。
今やMLB、そして野球界の「ユニコーン」となった大谷翔平のエピソードと未来の物語もまた、
神話級なのである。

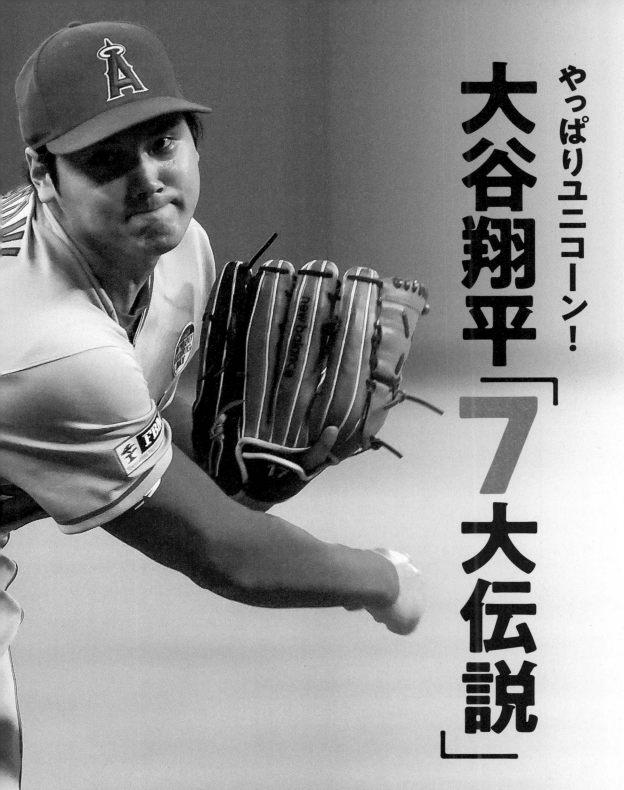

伝説1 マンダラチャート
伝説2 MLB史上初
伝説3 スイーパー
伝説4 10時間睡眠
伝説5 MLBのアイドル
伝説6 史上最大の契約
伝説7 サイ・ヤング賞

少年の頃の夢だった「WBC優勝＆MVP」を今年実現した

SHOHEI OHTANI

大谷翔平7大伝説 その❶

マンダラチャート

子供の頃に描いた夢を ほぼすべて実現させてきた

子どもの頃、誰しもが夢を見る。「大きくなったら、プロ野球選手になりたい」。そう思い描いた人たちのなかで、果たして何人が夢を実現させることができただろう。困難に直面したり、ちょっと怠けてみたり。しかし、大谷少年はほぼすべての夢を実現させてきた。

確かに環境は整っていた。父・徹さんは社会人野球の三菱重工横浜で外野手として6年間プレー。170センチと長身の母・加代子さんはバドミントンの国体選手。幼少期は母からバドミントンを習い、腕の振りや肘の使い方の感覚を身につけた。野球は小2のとき、水沢リトルリーグで本格的に始めた。父はそのチームのコーチを務めたが、入団したのは大谷のほうが先だった。ほかに水泳も習っていたが、素質と環境だけが今の大谷を培ったわけではない。

岩手・花巻東高校1年のときに書いた「目標達成シート」（マンダラチャート）がある。81マスに目標と行動を書き記すもので、ど真ん中のマスに最終的な目標を記し、そのために必要な要素を周囲にある8マスに書き込む。その要素一つひとつを達成するために必要な行動をさらに各8マス分書き込む。全部書き込めば、なすべきことが一目でわかるというワークシートだ。

スピード160キロ WBC優勝＆MVP

この目標達成シートはかつて話題となったが、MLBで押しも押されもせぬスーパースターとなった今、見返してみると、なおさら味わい深い。このシートを書いた当時はまだ高校1年だったため、目標は「ドラ1 8球団」だが、のちに2012年秋のドラフトを前にして、高校卒業後はNPBを経由せず、直接MLBに挑戦したい意向を明かしている。

「スピード160キロ」は高3夏の岩手大会準決勝で実現した。打たれにくいボールは回転数が多いため「スピンレート」が近年注目されているが、すでに「回転数アップ」の文字も。「メンタル」にまつわる欄では、「はっきりとした目標・目的を持つ」「ピンチに強い」「仲間を思いやる心」とある。これを見て、既視感を覚える人もいるだろう。

今年のWBCでは、1月の会見で「優勝だけ目指して頑張りたい」と口にし、大会が始まれば準決勝メキシコ戦で1点を追う9回裏に、先頭で右中間二塁打を放ち、後続のサヨナラ逆転打につなげた。初の国外選手として日本代表入りしたラーズ・ヌートバー（セントルイス・カージナルス）と親交を深め、2人で相談して「ペッパーミル・パフォーマンス」を日本代表に浸透させた。

そして、「3番・DH」で出場した決勝では、9回表にリリーフ登板。2006、2009年WBCを連覇した日本代表を見て、日の丸のユニホームを着ることを目標の一つとしており、実際に歓喜の瞬間を迎えた。

我々が目にしたスーパースターの姿はすでに、16歳当時の大谷少年が記した「目標達成シート」のなかに存在していたのだ。

花巻東高校硬式野球部ではこれに限らず、目標を字で書く習慣があり、大谷は学年が上がるにつれて、ほかの目標も掲げるようになっていた。

「世界最高のプレーヤーになる」

「WBC日本代表MVP」

投打二刀流選手として数々のMLB記録を打ち立て、WBCでも本当にMVPを獲得した。

「先入観は可能を不可能にする」。大谷の恩師である花巻東高校の佐々木洋監督から、ミーティングのときに教えてもらった言葉だ。高校時代、最初は150キロを目標にしようとしたら、佐々木監督から「160キロ」を勧められたという。最初は無理だと感じたが、それも高校3年夏に実現した。

高校の目標には続きがある。

「サイ・ヤング賞」

「ワールドシリーズ制覇」

次なる目標は、シーズンMVPとのダブル受賞も不可能ではない「サイ・ヤング賞」獲得だ。

大谷翔平が夢を叶えた「マンダラチャート」 ※表記は原文ママ

体のケア	サプリメントをのむ	FSW 90kg	インステップ改善	体幹強化	軸をぶらさない	角度をつける	上からボールをたたく	リストの強化
柔軟性	体づくり	RSQ 130kg	リリースポイントの安定	コントロール	不安をなくす	力まない	キレ	下半身主導
スタミナ	可動域	食事 夜7杯 朝3杯	下肢の強化	体を開かない	メンタルコントロールをする	ボールを前でリリース	回転数アップ	可動域
はっきりとした目標・目的を持つ	一喜一憂しない	頭は冷静に心は熱く	体づくり	コントロール	キレ	軸でまわる	下肢の強化	体重増加
ピンチに強い	メンタル	雰囲気に流されない	メンタル	ドラ1 8球団	スピード 160km/h	体幹強化	スピード 160km/h	肩周りの強化
波をつくらない	勝利への執念	仲間を思いやる心	人間性	運	変化球	可動域	ライナーキャッチボール	ピッチングを増やす
感性	愛される人間	計画性	あいさつ	ゴミ拾い	部屋そうじ	カウントボールを増やす	フォーク完成	スライダーのキレ
思いやり	人間性	感謝	道具を大切に使う	運	審判さんへの態度	遅く落差のあるカーブ	変化球	左打者への決め球
礼儀	信頼される人間	継続力	プラス思考	応援される人間になる	本を読む	ストレートと同じフォームで投げる	ストライクからボールに投げるコントロール	奥行きをイメージ

大谷が岩手・花巻東高校1年のときに書いたマンダラチャートのイメージ図

SHOHEI OHTANI

大谷翔平7大伝説 その2

MLB史上初

ルース超えの記録を連発！「先発&サイクル安打」に期待

2022年10月5日のアスレチックス戦。「3番・投手」として先発、5回を投げ近代MLB史上初の投打ダブル規定到達を達成

「ショーヘイ・オオタニはユニコーンだ」――。大谷が成し遂げた「MLB史上初」記録の数々。同じ投打二刀流選手のヒーロー、ベーブ・ルースでも不可能だった記録を次々と成し遂げている。ユニコーンは神話に出てくる美しい一角獣。そのレアリティにちなんで千載一遇の人物のことも指す。MLBで大谷翔平がそう異名をとることは、彼の記録を見ればわかる。

４年目の２０２１年は「MLB初」記録を連発し、ブレークの年となった。まずは「クインティプル１００」。打撃部門で１３８安打、１００打点、１０３得点、投手部門で投球回１３０回１／３、１５６奪三振を同一シーズンに達成し、投打混合5部門で「１００」に到達した。さらに、１９１９年ベーブ・ルース（ボストン・レッドソックス）の10登板以上29本を上回り、10登板以上&30本塁打。オールスターでは、投打両部門に選出されたこと、そして「1番・DH」として投打同時出場したことも史上初だった。

シーズン終盤まで本塁打争いを繰り広げ、最終的に46本塁打はタイトルにあと2本及ばなかったが、二刀流としてシーズン40本塁打&１００奪三振を達成した。

２０２２年には、まさにスーパースターへの階段を駆け上がった。６月22日のカンザスシティ・ロイヤルズ戦では、８打点翌日に2桁奪三振でMLB史上初。８月９日のオークランド・アスレチックス戦ではシーズン2桁勝利&2桁本塁打&2桁盗塁。これは、走力も兼ね備える大谷ならではの記録だ。

８月31日のニューヨーク・ヤンキース戦で30号、９月29日のアスレチックス戦で15勝目を挙げシーズン15勝&30本塁打を達成。９月はほかにシーズン200奪三振&30本塁打、150安打、153投球回、203奪三振で「トリプル150」。10月5日のアスレチックス戦で規定投球回&規定打席をクリアした。

シーズンが終わってみれば、投打19部門でチームトップという「チーム19冠」。さらに、同じポジションの代替可能な選手と比較し、どれだけチームの勝利数を上積みできるかを示す指標「WAR」で2年連続2・0以上。何もかもがMLB史上初だったのだ。

ここまで挙げた記録はすべてが「MLB史上初」。ほかにリーグ記録、球団記録となれば、枚挙にいとまがない。毎月のように「史上初」記録を樹立し、あらゆる記録を更新し続ける。いかに大谷が偉大な存在かがわかる。

二刀流サイクル安打目前 今後も「史上初」連発へ

2023年も、大谷の進化は止まらない。5月15日（現地時間）のオリオールズ戦で「3番・投手兼DH」として投打の二刀流で出場すると、二塁打が出ればサイクル安打という活躍。達成していれば、先発投手としてMLB史上初。惜しくも実現しなかったが、この試合では四球が加わったことで、投手による「1試合本塁打&単打&三塁打&四球」は両リーグ通じて史上初となった。

今後、投打二刀流で期待できる「史上初」は、「2年連続2桁勝利&2桁本塁打」「20勝&40本塁打」「250奪三振&40本塁打」「2桁勝利&打率3割・30本塁打・100打点」などが挙げられる。勝利・二塁打・三塁打・本塁打・盗塁をオール2桁とすれば、投打混合5部門での2桁記録「クインティプル10」の達成も考えられる。

投手最大の栄誉ともいえる「完全試合」「ノーヒットノーラン」は、投打二刀流選手が達成したことはない。しかし、大谷はすでに何度も試合終盤まで無安打に抑えていた実績を持つ。投手にとって一生に一度あるかないかの大記録だが、やってのける可能性は十分ある。

投打両面で大谷にしか実現できない記録も。今季からインターリーグで全球団との対戦が始まったことで、大谷の場合は「全30球団から勝利投手&本塁打」「全30球場で勝利投手&本塁打」が視野に入る。

大谷翔平が達成したMLB「史上初」記録

記録	達成年
投打混合での5部門で「100」到達の「クインティプル100」	2021年
10登板以上＆30本塁打	2021年
オールスターに投打両部門選出	2021年
オールスターに投打同時出場	2021年
シーズン10本塁打＆100奪三振	2021年
シーズン40本塁打＆100奪三振	2021年
投手として10登板＆20盗塁	2021年
投打ともに規定投球回＆規定打席クリア	2022年
シーズン15勝＆30本塁打	2022年
シーズン200奪三振＆30本塁打	2022年
2桁勝利＆2桁本塁打＆2桁盗塁	2022年
安打数・投球回・奪三振数が「160」到達の「トリプル160」	2022年
投打19部門でチームトップの「チーム19冠」	2022年
8打点翌日に2桁奪三振	2022年
投打両方で2年連続WAR2.0以上	2022年
投打両方で2年連続オールスター出場	2022年
投打両方で1試合にピッチクロック違反	2023年
1試合で本塁打・三塁打・単打＆四球を選んだ投手	2023年

今後達成されそうなMLB史上初の記録

- 先発投手サイクル安打
- 2年連続2桁勝利＆2桁本塁打
- 20勝＆40本塁打
- 250奪三振＆40本塁打
- 先発投手のシーズン50本塁打
- クインティプル10
- 50本塁打＆30盗塁の「50・30」
- 2桁勝利＆打率3割・30本塁打・100打点
- 全30球団から勝利投手＆本塁打
- 全30球場で勝利投手＆本塁打
- 通算100勝＆400本塁打
- ノーヒットノーラン＆サイクル安打
- 投打二刀流でサイ・ヤング賞＆シーズンMVP
- 投打のダブルタイトル
- 投打二刀流での完全試合

SHOHEI OHTANI

大谷翔平７大伝説 その③

スイーパー

代名詞となった〝高速スライダー〟曲がり幅は46センチ以上！

今年のＷＢＣ決勝、大谷が最後に投じた球が「スイーパー」だ。注目が集まった最高峰の戦いで、その大きな変化は世界中を驚かせた。

このスイーパーといわれる変化球、大きく分類すれば「スライダー」ではある。ともに横への変化であることは共通するが、スライダーは変化量が小さく、捕手のミットへやや落下しながら変化する。一方のスイーパーは打者の手元に近い位置からほぼ水平に変化し、曲がり幅は18インチ（約46センチ）のホームベースを右から左に横断するほどだ。

今季春先の大谷の投球はスイーパーが全体の５割近くを占めていた。２０２１年はフォーシームが44・1％、スライダーは22％、スプリットが18・３％。２０２２年からスライダーを多投するようになり、フォーシームとの割合が逆転、２０２３年は１３０キロ代後半のスイーパーを主力武器とする配球になっている。

現在ＭＬＢでスイーパーの使い手は大谷のほか、ミッチ・ケラー（ピッツバーグ・パイレーツ）、マックス・フリード（アトランタ・ブレーブス）ら。現在だけでなく、過去にも使い手は存在していたという。大リーグ研究家の福島良一氏が解説する。

「たとえば１９９０年にノーヒットノーランを達成したブルージェイズのエース、デーブ・スティーブ。彼のスライダーは鋭く曲がるスイーパーでした。また、シカゴ・カブスなどで活躍したケリー・ウッド。１９９８年５月６日（現地時間）のヒューストン・アストロズ戦で１試合20三振を奪いましたが、このときの武器は１６０キロ近いストレートとスイーパーでした。１試合20奪三振は、現在も破られていないＭＬＢ

2023年の「球種別」投球割合

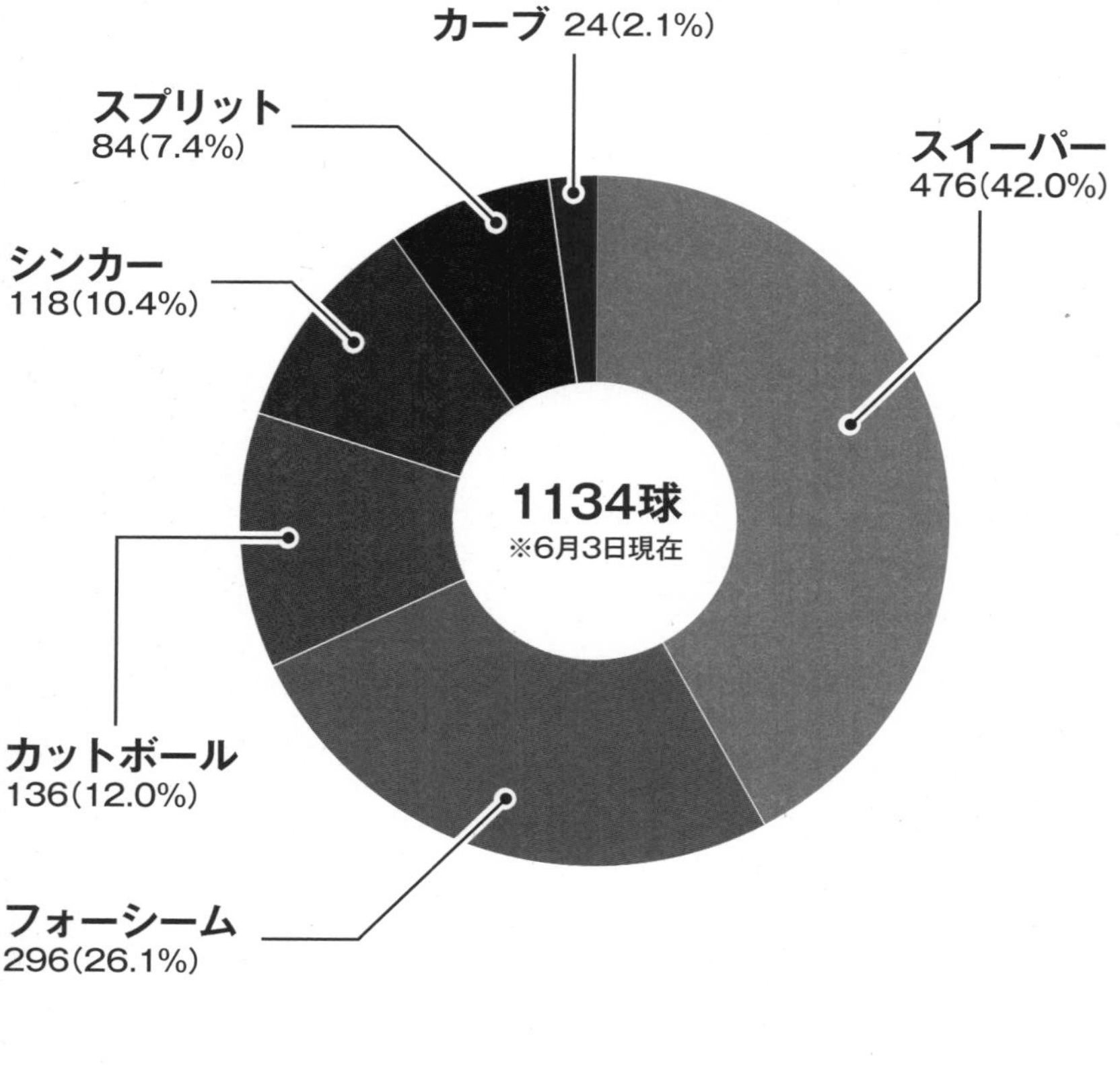

左上腕部に装着している「ピッチコム」（捕手とのサイン伝達用電子機器）を操作する大谷。投げる球は大谷自身が決めている

タイ記録です」

日本では、伝説の高速スライダーを武器とした伊藤智仁氏（現東京ヤクルト一軍投手コーチ）が該当する。現役時代は野村克也監督時代のヤクルトで1993年のルーキーイヤーにセ・リーグタイ記録となる1試合16奪三振をマークした。最近のテレビ番組のインタビューでは、30年前からスイーパーを投げていたことについて「（現役の）選手には5メートル曲がったと言っています」と持ち前のユーモアで笑わせたが、今なお語り継がれる「魔球」だった。

東京工業大が解明
回転軸の傾きで揚力発生

今年5月下旬、東京工業大学などの研究チームが大谷のスイーパーについて研究結果を発表した。スーパーコンピューター「富岳」と「不老」による解析で、水平方向に大きく曲がる変化の秘密は、「ボールの回転軸が進行方向に傾いていること」にあると明らかにした。

大谷のスイーパーの平均的な球速137キロと回転数2590rpm（1分間あたりの回転数）をもとに、打者方向への回転軸の傾きと変化量の関連性をシミュレーション。回転軸が打者方向に50〜60度傾いている場合は、ボールの進行方向と逆に発生する空気の流れ「後流」が斜め下向きとなることを解明。この影響で、ボールに浮き上がる力が働くのだという。つまり、ボールに対して上向きに「揚力」が発生している状態で、飛行機の翼が揚力を受ける原理と同じ、としている。

軸が傾きすぎるとボール周辺の空気の流れが変わるため、揚力は発生せず、大谷のスイーパーのような大きな変化量は望めなくなる。通常のスライダーは水平に回転するため、重力でやや落ちていくのだという。

しかし、シーズンが進むにつれて大谷のスイーパーが打者に対応され始めた。6月3日終了時点でその割合は42％に減り、シンカーが増加傾向。今季2敗目を喫した6月2日（現地時間）のヒューストン・アストロズ戦では1回、3番ヨルダン・アルバレスにスイーパーをとらえられ、先制2ランを被弾している。

今季被本塁打10本のうち6本がスイーパー。柱とする変化球を別のものに選択する時期が訪れているのかもしれない。

SHOHEI OHTANI

大谷翔平 7大伝説 その4

10時間睡眠

野球以外は「ずっと寝ている」異次元パワーを生む「睡眠力」

一に睡眠、二に睡眠。猛者ぞろいのMLBで前人未到の荒野を行く大谷は、野球以外の生活をほぼ睡眠に費やしている。

今年4月、ニューヨーク遠征に出た際は、「ニューヨークの街に出たことがない」と告白して、周囲を驚かせた。5月には、今年のWBCで日本代表初の国外選手として参加したラーズ・ヌートバー（セントルイス・カージナルス）から食事に誘われたが、ちょうど睡眠中だったために断ったことが話題となった。

大谷は睡眠について「寝れば寝るだけいいかなと。質はその次。どれだけ寝られたかが一番だと思うので。比較的、ずっと寝ていますね」とコメントしている。かつて、昭和のプロ野球選手の間では試合後に焼き肉を食べて酒を飲み、二日酔いで試合に臨んで勝ってみせることが、豪快さの証しとされていた。「ずっと寝ています」と告白したプロ野球選手は、いまだかつていないだろう。

体の状態、練習の負荷、リカバリーの状況がすべて数値でわかる時代となり、大谷は朝起きるところから夜眠るまで、自己管理を徹底している。1日10時間以上の睡眠を確保する生活を長年継続。長い連戦の練習免除日は、球場入り後に食事をした後、ナップタイム（昼寝）をとる。そこに試合、またはトレーニング、移動時間をプラスすれば、プライベートタイムはほとんど存在しない。

試合数がNPB（今季143試合）よりも162試合と多いMLB。それに加え、投打二刀流の準備、パワーとスピードをつけるためのウエートトレーニングは不可欠。筋肉の回復、そして脳の働きをクリアにするには睡眠によって体を回復させる必要が

“盟友”ヌートバーの食事の誘いも「睡眠」を理由に断った

今年３月のWBC遠征でもオーダーメイド枕を持参するほど睡眠力を重要視している

あり、それを大谷も深く理解したうえで実践しているのだ。

〝武器〟も用意している。２０１７年３月から、寝具メーカーの「西川」と、睡眠コンディショニングサポート契約を結び、「ＡＩＲシリーズ」のマットレスと枕を愛用。数年に一度は専用機器で身体測定を行い、体に合ったマットレスをオーダーメイドしている。

投手として最も負荷がかかる右肘のコンディション管理は、最新トレーニング施設「ドライブライン・ベースボール」が買収した企業のウェアラブル製品「パルススロー」を使用。右肘にバンドを装着して練習することで、１球ごとの負荷が数値化される。その数字はアプリなどで確認することができ、２０１８年にトミー・ジョン手術を受けた右肘のケアにも余念がない。

岩手県民は〝よく眠る〟幼少期の睡眠がカギ

寝る子は育つ。大谷は幼少時代から現在に至るまで、とにかくよく眠る。小学生時代は夜9時には眠り、朝7時起床。そして、やはり昼寝つきだったという。

同じ岩手県出身で、4月28日のオリックス・バファローズ戦で日本最速タイの１６５キロ（北海道日本ハムファイターズ時代の２０１６年に大谷がマーク）を出した佐々木朗希（千葉ロッテマリーンズ）も、高校時代には「寝不足の状態で絶対に投げたくない」と、試合開始時間から逆算して睡眠時間を確保。睡眠時間を重視していた。

総務省の社会生活基本調査（２０２1年）では、睡眠時間が長い47都道府県ランキングで1位は青森県の8時間8分。岩手県はわずか8分差の8時間（9位）。起床時間を調査した早起きランキングでは、岩手県は6時21分で全国2位だ。また、昨季日本選手最多のシーズン56本塁打を放った村上宗隆（東京ヤクルトスワローズ）も、幼少時代から睡眠時間を長くとるように野球アカデミーのコーチから指導を受けていた。幼少時の睡眠が心身をつくるといっても過言ではないだろう。

令和の世を生きるアスリートにとって、睡眠は最重要課題。大谷は新時代のアスリート像を体現している。

SHOHEI OHTANI

大谷翔平7大伝説 その5

MLBのアイドル

〝辛口〟NYメディアも絶賛 ファンを公言する選手も!

大谷選手が米国でいかにスペシャルな存在であるのか――2018年以来、現地で大谷翔平選手への取材を続け、日刊スポーツでも執筆中のスポーツライター・斎藤庸裕氏による特別リポートでお届けする。

エンゼルス・大谷翔平選手が、全米各地でファンの拍手と声援を浴びる光景は今や珍しくない。敵地では一般的に、敵チームの選手に声援や拍手が送られることは珍しい。地元のひいきチームにとって強敵となるビッグプレーヤーであれば、時にブーイングを浴びせられることすらある。大谷選手の同僚、マイク・トラウト外野手はMLBを代表するスター選手。ごく希《まれ》だが、敵地でブーイングを浴びることがある。

一方で、大谷選手は拍手と歓声をもって迎えられる。メディアを含め、ヤンキー・スタジアムでの反応はわかりやすく変わった。大谷選手は4月18日からのヤンキース3連戦を敵地ニューヨークで戦った。初戦の試合前、ヤンキース・ブーン監督の記者会見。地元メディアによる最初の質問は、「大谷について、最も印象的なところは?」というものだった。

MLB各30球団の監督は、試合前に地元メディアに対して取材対応を行う。最初に自チームの選手の状態や戦い方、今後の展望などを問われることが一般的だ。伝統球団であるヤンキースでは、2022年にリーグ本塁打記録を塗り替えたアーロン・ジャッジ外野手ら所属選手への注目度が高い。もちろん、対戦する先発が好投手で攻略が難しい投手であれば、最初に相手チームの選手の質問をされることはあるだろう。だが、この日の大谷選手は先発ではなく、指名打者での出場だった。

「スポーツ界で異彩を放つ」ブーイングが称賛に

ヤンキースのスター選手でもなく、エンゼルスの先発投手でもない――そんな大谷選手についての質問を一発目に選んだスポーツ専門テレビ局YESネットワークの女性リポーター、メレディス・マラコビッツさんがその意図を明かす。

「オオタニは、このスポーツ界で異彩を放つ存在。今日はヤンキースでこれといった話題はなかったし、最

大谷のバブルヘッド人形を手にするちびっ子ファン

ヤンキー・スタジアムでアーロン・ジャッジ選手と同等の扱いでTシャツが販売されている

初に質問したことが珍しいのかどうかはわからないけど、私は聞きたかった」

どうやら自然な流れで聞いたようだが、別のヤンキース番記者は「Its' unusual（異例なこと）。もちろん、相手の選手について聞くことはあるけど、最初に質問されるのはかなりレアだ」と語った。

6年前のオフは、まったく違った。ポスティングシステム（入札制度）で日本ハムからメジャー挑戦を表明すると、大谷選手の大争奪戦が始まった。しかし本命ともみられていたヤンキースは、早々に候補球団から脱落した。当時キャッシュマンGMの「大谷は西海岸で、中小規模の都市に本拠地を置く球団を望んでいるのかもしれない」というコメントから、地元紙がバッシング。ニューヨーク・デーリーニュース紙は「WHAT A CHICKEN!（なんて臆病者!）」と過激な見出しで報じた。翌年、初めてニューヨークでヤンキース戦を戦った大谷選手を待ち受けていたのは、ファンからのブーイングだった。

度重なる故障やコロナ禍を経て、大谷選手は2021年シーズンに二刀流として花開いた。1年目以来、3年ぶりに訪れたニューヨークで待っていたのは、称賛の拍手だった。

こうも違うものかと思ってしまうほどの変わりようだったが、トライ&エラーを繰り返し、全米No.1の大都市ニューヨークをはじめ敵地でも歓迎されるようになったのは、二刀流でトップレベルまでたどり着いた大谷選手が得た勲章だ。

歓迎ムードで迎えられた今年のヤンキース戦は、初戦の第1打席で弾丸ライナーの今季4号アーチを放ち、ファンの期待に応えた。旧ヤンキースタジアムが開場してから100周年の日に放った記念すべき一発。二刀流の元祖ベーブ・ルースがちょうど100年前、開場の日に本塁打を放っていたことも重なり、翌日のニューヨークメディアは大谷選手のパフォーマンスを称賛した。「Hey, BABE!」と大きな見出しとともに「ルースがヤンキースタジアム開場の日に本塁打を打ってからちょうど100年後に、ショウヘイが、エンゼルスの選手として本塁打で勝利を飾った」と報じたのは、かつて「臆病者」の見出しでバッシングを浴びせた、あのニューヨーク・デーリーニュース紙だった。

ファンを公言するスーパースターたち

メジャーリーグではヤンキースの主砲ジャッジ、エース右腕のゲリット・コール投手らが大谷のファンを公言しており、ほかにもツインズのカルロス・コレア内野手の妹レイバイサンドさん、ホワイトソックスのリアム・ヘンドリクス投手のクリスティー夫人らが熱狂的なファンだ。メッツのジャスティン・バーランダー投手の弟でFOXスポーツのベン・バーランダー氏も、投打でハイレベルなプレーを見せる大谷に魅了されている。最近で言えば、台湾プロ野球・楽天モンキーズのチアリーダー「楽天ガールズ」で人気のリン・シャンが、メンバーとともにエンゼルスタジアムを訪れ、大谷と記念撮影。日本時代からリスペクトがあったことを明かし、目を輝かせていた。ファンはもちろん、チームメートだけでなく、メジャー全体、そして選手の家族までとりこにしてしまう二刀流・大谷翔平。さまざまな垣根を越えて、愛されているのだ。

SHOHEI
OHTANI

大谷翔平7大伝説 その6

史上最大の契約

MLB通3人が移籍先を予想
年俸は史上最高「80億円」超!?

投打で異次元の活躍を見せる大谷に対し、現地の米国メディアでは早くも今オフの移籍報道が過熱している。大谷は２０２３年オフにフリーエージェント（ＦＡ）となるため、複数球団による争奪戦が必至。今季の最高年俸はマックス・シャーザー（ニューヨーク・メッツ）の４３３３万ドル（約59億４０００万円）だが、大谷の新契約は年平均５０００万〜６０００万ドル（約68億５０００万〜82億２０００万円）が予想されており、メジャー最高年俸の更新が確実視されている。

ニューヨークで勝負してほしい

大リーグ評論家の福島良一氏は、大谷の今オフの去就について個人的な思いがあるという。

「ロサンゼルス・エンゼルスが提示

※１ドル＝１３７円換算

する条件次第ですが、今オフにFA移籍する可能性は50％ぐらいあると思います。個人的にはニューヨークへ行ってほしい。アメリカは国土が広く、歴史の違いもあって西よりも東のほうが野球熱は高い。なかでもニューヨークはファンが熱狂的ですし、メディアの注目度も違いますから、選手としても『東が上』という意識はあるはずです。大谷選手の場合、環境にほとんど変化がなく調整がしやすいことから、同じ西海岸のチームに移る可能性が高いように思いますが、それでもやっぱり東でチャレンジしてほしいですね」

また、福島氏は資金面を考えると、移籍先の有力候補はニューヨーク・ヤンキース、メッツ、ロサンゼルス・ドジャースの3球団と予想するが……。

「現実的に考えると、ヤンキースでの二刀流は難しいと思います。大谷選手を投手として迎える分にはいいですが、今のヤンキースはベテランが多く、適度に休ませるためにDHの枠を交代で使っています。大谷選手がDHのポジションを独占してしまうのはチーム事情的に難しい。そう考えるとメッツのほうが可能性は高いように思います。今季メッツが指名打者に起用しているダニエル・ボーゲルバック選手はさほど実績のある選手ではなく、大谷選手と入れ替えるハードルは低い。またドジャースは今季、DH専門にベテランのJ・D・マルティネス選手と〝単年契約〟を結んでいて、これは来季、大谷選手を迎えるための準備のように見えます。ほかの補強も全体的に地味な印象で、これもぜいたく税を視野に入れてのことではないでしょうか。エンゼルスが強くなって残留するのが一番だとは思うのですが、大谷選手の『勝ちたい』という気持ちと『二刀流』を両立させるためには、ドジャースかメッツへの移籍が有力かもしれません」

環境面やチームの強化方針を重視する

日本語公式サイト「MLB.jp」の編集長の村田洋輔氏も、移籍先の最有力候補としてドジャースを挙げる。

「今年の大谷選手は中5日で先発して高いパフォーマンスを見せています。一昔前みたいにエースは中4日で回すというチームが少なくなっているので、獲得を敬遠するチームは

4333万ドル（約59億4000万円）で今季、球界最高年俸のマックス・シャーザー。2021年オフに3年総額1億3000万ドル（約178億円）の契約をメッツと結んだ。ちなみに契約時は37歳

少ないと思います。一番重要なのは大谷選手が何を求めるか。ツーウェイ（二刀流）で出場し続けるためにプレーしやすい環境を重視するなら、東海岸は春先が寒いので、西海岸のチームが魅力的です。ニューヨークでスターになりたいなら、ヤンキース、メッツを選ぶかもしれないけど、派手なタイプではないので、どうでしょうか。コンディションを重視して、住み慣れているロサンゼルスで優勝を狙える球団として、ドジャースが最有力かなと思います」

エンゼルスを勝てるチームにしてほしい

ただ、村田氏はエンゼルスに残留する可能性も十分にあると指摘する。

「6年間戦ってきて、ツーウェイの起用法を確立してくれたエンゼルスに感謝の気持ちと愛着は当然あると思います。常勝チームでプレーする大谷選手を見たい気持ちがあると同時に、大谷選手がエンゼルスを引っ張って勝てるチームにしてほしいという個人的な願望もあります。プレーオフに進出してワールドシリーズで戦いたいという思いは当然あるでしょう。エンゼルスでその思いが叶えられるか。年俸5000万ドル以上は確実に超えると予想されていますが、大谷選手は環境面やチームの強化方針を重視すると思います」

10年総額5億ドルなら候補は3球団か

西武ライオンズ、横浜ベイスターズ（現DeNA）で通訳を務め、現在はNPBでプレーする外国人選手のマネジメントを担当する篠田哲次氏は代理人の立場から、大谷の動向を分析する。

「北海道日本ハムファイターズからエンゼルスに移籍した決断が驚かれたように、大谷選手が求めているのはお金ではないと思います。ただ、代理人の立場からすると球界全体のバランスを考え、大谷選手にはふさわしい金額で契約する〝使命〟があると思います。格安の金額で契約すれば選手会も反発する。そう考えると、10年契約で総額5億ドル（約685億円）が考えられます。この条件を提示できるのはメッツ、ヤンキース、ドジャースの3球団ぐらいでしょう。5年契約で総額2億5000万ドル（約342億5000万円）ならサンディエゴ・パドレス、サンフラン

チームメートとの関係はきわめて良好のよう。
残留か、移籍か、果たして大谷の胸中は……

MLB大型契約ランキング

※1ドル＝137円換算

	選手名	チーム	ポジション	総額	契約時年齢／契約期間	総額の年換算
1位	マイク・トラウト	エンゼルス	外野手	4億2650万ドル（約584億3000万円）	27歳／2019～2030年（12年）	約3554万ドル（約48億7000万円）
2位	ムーキー・ベッツ	ドジャース	内・外野手	3億6500万ドル（約500億円）	27歳／2020～2032年（12年）	約3042万ドル（約42億円）
3位	アーロン・ジャッジ	ヤンキース	外野手	3億6000万ドル（約493億2000万円）	30歳／2023～2031年（9年）	4000万ドル（約54億8000万円）
4位	フランシスコ・リンドーア	メッツ	内野手	3億4100万ドル（約467億2000万円）	28歳／2021～2031年（10年）	約3410万ドル（約46億7000万円）
5位	フェルナンド・タティスJr.	パドレス	内・外野手	3億4000万ドル（465億8000万円）	22歳／2021～2034年（14年）	約2429万ドル（約33億3000万円）
6位	ラファエル・ディバース	レッドソックス	内野手	3億3100万ドル（約453億5000万円）	26歳／2023～2033年（11年）	約3009万ドル（約41億2000万円）
7位	ブライス・ハーパー	フィリーズ	外野手	3億3000万ドル（約452億1000万円）	26歳／2019～2031年（13年）	約2538万ドル（約34億8000万円）
8位	ジャンカルロ・スタントン	ヤンキース（契約時はマーリンズ）	外野手	3億2500万ドル（約445億3000万円）	25歳／2015～2027年（13年）	2500万ドル（約34億3000万円）
8位	コーリー・シーガー	レンジャーズ	内野手	3億2500万ドル（約445億3000万円）	28歳／2022～2031年（10年）	3250万ドル（約44億5000万円）
10位	ゲリット・コール	ヤンキース	投手	3億2400万ドル（約443億9000万円）	29歳／2020～2028年（9年）	3600万ドル（約49億3000万円）

シスコ・ジャイアンツ、トロント・ブルージェイズも獲得の可能性が出てきます」

オリオールズとダイヤモンドバックス

では、資金面で有利なこれらの球団が移籍先の有力候補になるのか。篠田氏は違った見方を示す。

「大谷選手が大事にしている面は環境、やりがい、モチベーションだと思います。慣れ親しんだ仲間がいるエンゼルスが本気でチーム改革を断行する姿勢を見せるなら、残留の可能性も十分にあります。ただ、そのプランを提示できなかった場合には移籍という選択肢が出てくる。同じロサンゼルスのドジャースは確かに有力候補ですが、大谷選手を獲得しなくても優勝を狙えるチームです。本人がその部分をどう考えるか。

私が有力な移籍先と考えるのはボルティモア・オリオールズとアリゾナ・ダイヤモンドバックスです。両球団は育成能力に長けていて、成長著しい若手たちを中心に今季も上位につけています。3年後に常勝軍団を狙うチームですが、大谷選手を中心選手として獲得できれば、計画を前倒しして、来季にも頂点を狙える。大谷選手にとってもやりがいを感じる挑戦になるでしょう。3年間で総額1億5000万ドル（約205億5000万円）の条件なら、オリオールズとダイヤモンドバックスも提示できる契約内容です」

篠田氏は、この3年間という契約期間がポイントになると語る。

「想像の域を出ませんが、大谷選手はこのオフに移籍したとしても、最終的にエンゼルスに戻ってプレーしたい気持ちがあると思います。違う球団で3年間プレーして、脂が乗りきった時期にもう一度エンゼルスに戻って、二刀流で優勝に導く。そんなストーリーもすごいですよね」

エンゼルス残留か、他球団に移籍か——。大谷の今オフの動向は、メジャー最大の関心事として日本でも注目されるはずだ。

（取材・文／平尾類）

SHOHEI OHTANI

大谷翔平 7大伝説 その7

サイ・ヤング賞

日本人初受賞に向けて立ちはだかる「最多勝」の壁

サイ・ヤング賞は投手にとってシーズン最高峰のアワードだ。賞の由来は現ボストン・レッドソックスなどでプレーし、ＭＬＢ歴代1位の通算５１１勝を挙げた大投手サイ・ヤングの功績をたたえるもので、そのシーズンに最も活躍した投手に贈られる。

ヤングは１８６７年、オハイオ州に生まれ、本名はデントン・トゥルー・ヤング。「サイ」はサイクロンを意味する愛称だ。晩年は経済的に困窮し、妻の死後はベネダム夫妻のもとに身を寄せ、農場の仕事を手伝っていたというが、その名はアメリカン・ヒーローとして歴史に刻まれている。

ア・リーグ初年の１９０１年は、エース右腕として最多勝（33）、防御率（１・62）、奪三振数（１５８）で投手三冠に輝いた。１９０３年にはボストン・ピルグリムス（現レッドソックス）でワールドシリーズ制覇に貢献。１９０４年５月５日には20世紀初の完全試合を達成している。

22年間の現役生活で完全試合1度、ノーヒットノーランを2度達成。しかも、ノーヒットノーランの2度目は41歳3カ月での達成。当時のノーヒットノーラン最年長記録を樹立した。投球回数７３５６イニング、８１５試合登板、７４９試合完投などの記録は現在も歴代1位。

サイ・ヤング賞はヤングが他界した翌１９５６年に制定され、第１回は最多勝を受賞し、通算１４９勝を挙げたドン・ニューカム（ドジャース、のちに中日ドラゴンズ）が受賞。当初は両リーグから1人の受賞だったが、１９６７年以降はア・リーグ、ナ・リーグから各1人を選出している。

過去の最多受賞は１９８０年代から２０００年代前半にかけて最優秀防御率を７度獲得したロジャー・ク

通算511勝――サイ・ヤング(写真)の功績をたたえる、投手にとって最高峰のアワード

過去10年の「サイ・ヤング賞」受賞者と主な成績

ナショナル・リーグ

年	選手名	チーム	勝敗	防御率	奪三振
2013	クレイトン・カーショウ②	ドジャース	16勝9敗	1.83	232
2014	クレイトン・カーショウ③★	ドジャース	21勝3敗	1.77	239
2015	ジェイク・アリエッタ	カブス	22勝6敗	1.77	236
2016	マックス・シャーザー②	ナショナルズ	20勝7敗	2.96	284
2017	マックス・シャーザー③	ナショナルズ	16勝6敗	2.51	268
2018	ジェイコブ・デグロム	メッツ	10勝9敗	1.70	269
2019	ジェイコブ・デグロム②	メッツ	11勝8敗	2.43	255
2020	トレバー・バウアー	レッズ	5勝4敗	1.73	100
2021	コービン・バーンズ	ブルワーズ	11勝5敗	2.43	234
2022	サンディ・アルカンタラ★	マーリンズ	14勝4敗	2.28	207

アメリカン・リーグ

年	選手名	チーム	勝敗	防御率	奪三振
2013	マックス・シャーザー	タイガース	21勝3敗	2.90	240
2014	コーリー・クルーバー	インディアンス	18勝9敗	2.44	269
2015	ダラス・カイケル	アストロズ	20勝8敗	2.48	216
2016	リック・ポーセロ	レッドソックス	22勝4敗	3.15	189
2017	コーリー・クルーバー②	インディアンス	18勝4敗	2.25	265
2018	ブレイク・スネル	レイズ	21勝5敗	1.89	221
2019	ジャスティン・バーランダー②	アストロズ	21勝6敗	2.58	300
2020	シェーン・ビーバー★	インディアンス	8勝1敗	1.63	122
2021	ロビー・レイ	ブルージェイズ	13勝7敗	2.84	248
2022	ジャスティン・バーランダー③★	アストロズ	18勝4敗	1.75	185

○数字は同賞受賞回数、★は1位票満票での受賞。赤はリーグ1位

レメンスの7度。2位は9度の奪三振王に輝いたランディ・ジョンソンの5度となっている。

チーム別では、ロサンゼルス・ドジャースが前身のブルックリン時代を含めて12度、次いでミルウォーキー時代を含めてアトランタ・ブレーブスなど4球団が7度。一度も受賞したことがない球団はコロラド・ロッキーズ、そして今季絶好調のテキサス・レンジャーズ。

エンゼルスでは1964年ディーン・チャンス、2005年バートロ・コローンの2人が受賞している。チャンスは、移籍した1964年、最多勝、最優秀防御率の二冠を獲得したほか、投球イニングは278回1/3と、鉄腕ぶりを発揮した。メジャー公式「MLB.com」では、2021年に「エンゼルス史上最高のロースター」として1964年のチャンスを投手に選出している。ちなみに大谷はDHとして選出されていた。

奪三振と防御率で受賞したケースも

選考は、全米野球記者協会が指名した記者30人の投票による。以前は最多勝のタイトルが重要視されていたが、近年ナ・リーグでの傾向は変わりつつある。過去10年でみると、ナ・リーグは受賞者10人のうち最多勝が3人だけ。2020年にダルビッシュ有(パドレス)が日本人メジャーリーガーでは初めて、そして唯一となる最多勝を獲得しているが、サイ・ヤング受賞はならなかった。

一方、ア・リーグは10人のうち最多勝が9人を占める。ただし、2021年はゲリット・コール(ヤンキース)が最多勝も、ロビー・レイ(ブルージェイズ)は最優秀防御率と奪三振王の二冠に輝いてサイ・ヤング賞。タイトル以外でも、セイバーメトリクス指標や被安打の打球速度など、さまざまな角度から議論が交わされるという。

大谷は6月2日時点で12試合5勝(リーグ14位)、防御率3・296(14位)。チーム状況もあって、各球団の並みいるライバルたちのなかでは苦戦中だ。しかし、奪三振数は96個のリーグ2位で1位のケビン・ガウスマン(トロント・ブルージェイズ)とは4個差。可能性があるとすれば、最多奪三振と最優秀防御率の二冠獲得でのサイ・ヤング賞か。

2023年の「6球種」を完全解説

元メジャーリーガー・五十嵐亮太が「握り」を実演！

大谷翔平「魔球」のすべて

大谷は柱とする球種を次々に変え、新しい姿を見せてくれる。今季話題の「スイーパー」をはじめ、2023年の持ち球「全種類」を野球解説者・五十嵐亮太氏が実演。 （取材・構成／丸井乙生、イラスト／平戸三平）

投球内容は年々変化している。大谷が本塁打王争いを繰り広げた2021年は、投手としても自身最多（当時）の23試合に登板。当時の球種割合は総投球数2027球のうち、最多がフォーシーム（直球）44・1%、続いてスライダー22%、スプリット18・3%。そしてカットボールは12・1%、カーブが3・6%だった。最速101マイル（約163キロ）の直球を生かしつつ、奪三振を狙う姿勢が垣間見える。

そして、2022年はフォーシームが激減した。総投球数2629球のうち、トップは何と変化球のスライダーが38・3%。次いでフォーシームが27・7%、スプリットが12%。新しい変化球としてツーシーム（シンカー）を3・7%、導入している。

2023年は大きく変化する高速スライダー「スイーパー」が43%（5月27日終了時点、以下同じ）。奪三振率34・6%、予測被打率は1割6分9厘で、いずれもリーグで最高の数字をたたき出している。

2022年は166イニングを投げ、1イニング平均球数は15・8。しかし、2023年は65イニングで、球数は919球。1イニングあたりの平均球数は14・13と昨季を下回った。二刀流をハイレベルで続けていくために、投手としての負担を減らす〝武器〟がスイーパーであることがうかがえる。

次ページからは五十嵐亮太氏が各球種の〝大谷流〟の握りを再現する。

2023年シーズンの球種割合

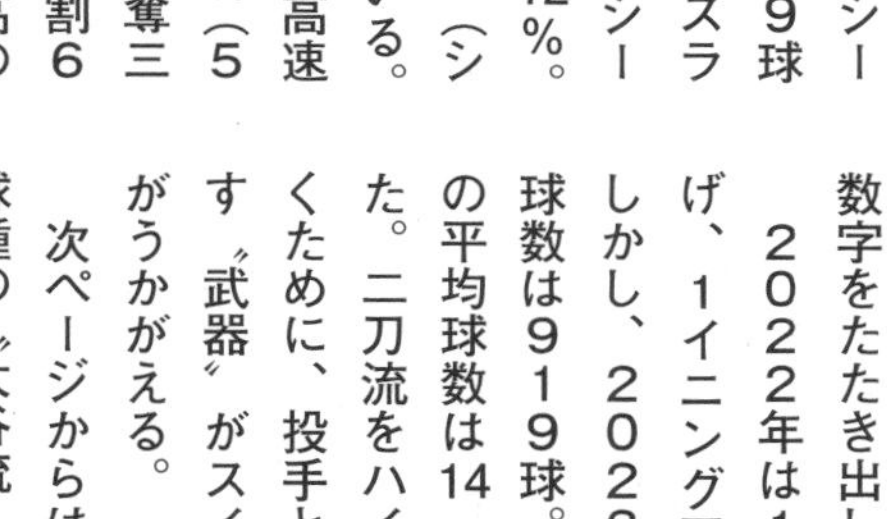

5月27日時点

いがらし・りょうた●1979年5月28日生まれ、北海道出身。千葉敬愛学園高から97年ドラフト2位でヤクルト入団。2009年オフ、海外FAでメッツ入り。ブルージェイズ、ヤンキースを経て13年ソフトバンク、20年ヤクルトで引退。日米通算70勝70セーブ。現在は野球解説者

スイーパー（スライダー）

ホームベース上を“横滑り”する
現在の大谷を象徴する変化球

伝説の高速スライダーの使い手・伊藤智仁と同様、ツーシームのように握る。中指は人さし指と離し、縫い目のくぼみに掛けてボールに横回転を与える

スイーパーはボールに時計回りの回転を掛けてスライドさせる。縦のスイーパーは指の高さや手首の角度でその回転の軸を変化させる

WBC決勝9回2死でトラウトを空振り三振に斬った、ボールゾーンへ横滑りするスイーパーが話題だったが、フロントドアでカウントも取れる

スライダーでボールに対してピンポイントで力をかけたい投手は、松坂大輔さんも含め、中指と人さし指をくっつける。このタイプのほうが多いと思います。一方、大谷選手の握りは、中指と人さし指が離れている。伊藤智仁さんの高速スライダーもそうでした。ボールの縫い目にしっかり指2本を掛け、ひねりながら投げる投手はこの握り。それによってスピンを多くかけられるんです。

スイーパーには曲がり幅、角度が複数ありますが、握りではなく肘の高さで投げ分けていると思います。肘を少し下げた場合は横曲がりが大きくなる、角度を出すと斜めに変化する。肘の高さを変えて球種を投げ分ける選手はあまりいませんが、大谷選手はその高さで微妙な調整をしている。

左打者に対しては、内角寄りは縦の変化が多く、バックドア（左打者では外角ボールゾーンからストライクゾーンへ変化）はスイーパーが多い。右打者に対しては基本的に横の変化で、フロントドア（右打者では内角のボールゾーンからストライクゾーンへ変化）もありますが、真ん中から外へのボール球が多いです。

フォーシーム

WBC準々決勝で渡米後最速102マイル（約164キロ）を記録！

中指と人さし指を縫い目に掛け、指が長い大谷の場合は、中指の第2関節を折り曲げて高さを出している。それぞれの手の大きさによって工夫

渡米後の最速は、今年のWBC準々決勝イタリア戦で102マイル（約164.1キロ）。公式戦では22年9月10日アストロズ戦の101.4マイル（約163.2キロ）

大谷の自身最速は2016年10月16日のCSファイナルステージ・ソフトバンク戦の165キロ。23年5月28日現在も、NPB日本選手最速記録タイ

僕は大谷選手よりも手が小さいので、同じように握った場合でも、少し違って見えるかもしれません。ボールの縫い目への指の掛け方は同じで、手が大きく指が長い大谷選手の場合は、中指に高さを出しています。

ファストボールの場合は球速に注目が集まりますが、球速よりもキレや伸びが大事なんです。たとえば、先日登板していたライアン・プレスリー投手（ヒューストン・アストロズ）は、球速自体は１５０キロちょっとなのですが、切れ味がいいんですよ。伸びが素晴らしい。

大谷選手は変化球を意識させての真っすぐはいいけれど、真っすぐで空振りを取れるかといえば、必ずしもそうではない。それは本人も理解していると思います。球速がずばぬけて速くなかったとしても、真っすぐで押せる投手はいます。

投手によって、投げ終わりの体の使い方、腕の振り方は違います。大谷選手は肘を巻き込むタイプです。体に負担がなくスムーズに投げられるボールは、自分の投げ方に合っているボールなんです。自分に合ったものを見つけて、それを強みにして抑えていくといいと思います。

シンカー

「高速で沈む」昨年導入の新球 “スイーパー慣れ”の打者に効く！

中指、人さし指の乗せ方、縫い目の角度にも注目。スイーパーの握りと比較すると、指の位置の違いがわかる

肩、肘に比較的負担の少ないツーシーム。大谷のスタッツでは「シンカー」と表記されており、現地では「ターボ・シンカー」とも呼ばれる

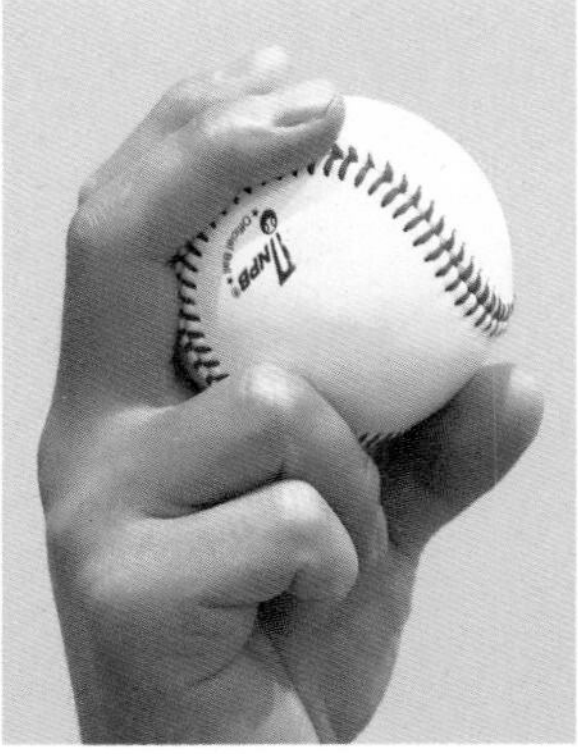

大谷のシンカーは101マイル（約162.5キロ）を計測したこともあり、その球速と大幅に沈む変化によってスプリットにも見えてしまう

球の変化はシンカー（右投手の場合は右打者の内角側に変化）なのですが、要は（直球系の変化球である）ツーシームなんです。握りは微妙な差なので、スライダーと同じように見えてしまうと思います。スライダーは中指を縫い目の内側、くぼみの部分に掛けますが、ツーシームは縫い目の上に中指と人さし指を乗せる。親指もスライダーとは少し違います。スライダーは親指の腹を縫い目に掛けますが、シンカーでは親指の側面で握るので、真っすぐの親指に近い。

２０２２年に導入した大谷選手のツーシームは、変化自体はシンカーなので曲がり幅、沈む幅が大きい。何と言っても90マイル後半（約１５０キロ台後半）のシンカーなので、普通のツーシームよりもスピードが速い分、変化量も大きくなります。

スイーパーは大谷選手が今年、一番自信を持っている球。カウントも取れるし、ファウルも空振りも取れる。ただ、シーズンが進むにつれて打者が慣れてきたり、大谷選手の疲労もあったりして、序盤よりも曲がり幅やキレが少し弱くなっている。最近はシンカーを増やすことで、配球を工夫しています。

スプリット

2023年は"ほぼ封印中"
今後カギを握る最強の「隠し球」

中指と人さし指を大きく開き、第1関節を縫い目に掛ける。親指の位置は外側の縫い目に掛けるか、写真のように内側に入れる

大谷は2021年にスプリットを多投していた。直球が44.1%、スライダーが22%、そしてスプリットが18.3%。優先度の高い変化球だった

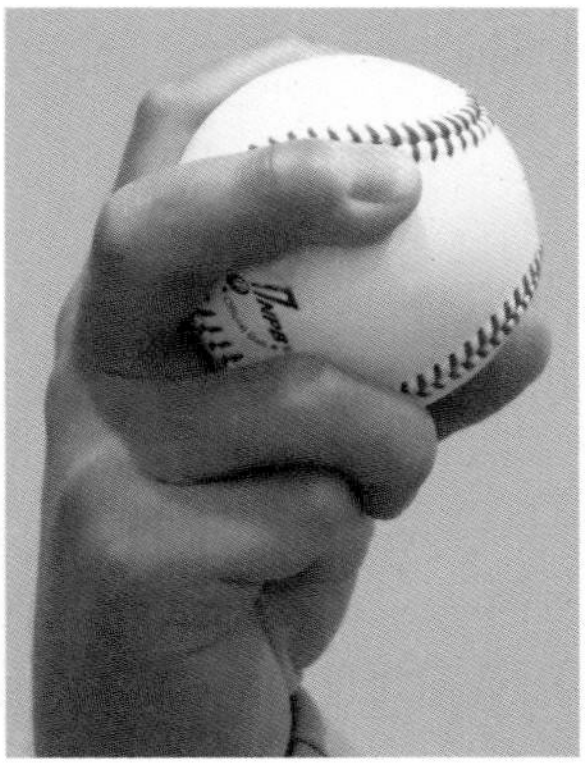

2022年はスライダーの割合が増加、ツーシームも導入。スプリットの比率は12%、今年は10%以下に減少。来季の武器にする可能性も

以前、映像で大谷選手のスプリットの握りが公開されましたが、そのときと今とでは若干変えてきていると思います。当時は親指をボールの外側の縫い目にかけていましたが、最近は少し中に入れてきている。

大谷選手はもともとスプリットが非常に落ちるタイプでした。今の段階でも、三振は取れるボールですし、ものすごい可能性を秘めている。通常であれば、さまざまな球種を使ったほうが明らかに抑えられるのに、最近の大谷選手はそれほどスプリットを投げない。5月9日のアストロズ戦で先発したときに、5回に右手中指のツメが割れたことがありました。もしかしたら、体への負担を考慮しているのかもしれません。

一番自信があるスイーパーを生かすためには、反対側に変化するボールがあったほうがいい。ただ、長いシーズンや来季以降のことを考えて、軸になる変化球を取っておき、バージョンアップさせていこうと考えている可能性もあります。スプリットとシンカーを両方、同時に武器にすることは難しいので、まずは今のようにシンカーをしっかり投げてからでも遅くはないと思います。

カットボール

この3年は投球の1割を占める スライダーより横変化が小さい

それぞれの手の大きさによって見え方は異なるが、基本形の握り。MLB3球団を経験した五十嵐氏もカットボールはこの握りだった

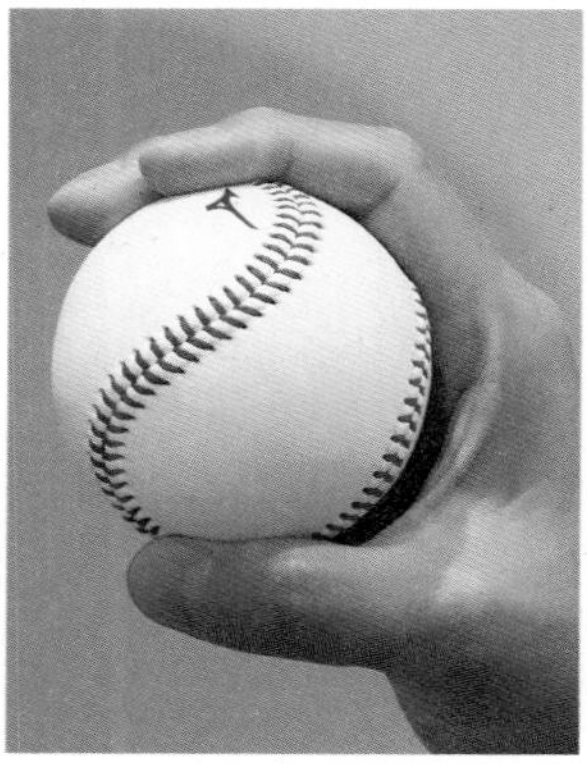

人さし指と親指で握る感覚が大切。大谷は2021、2022年ともにカットボールは10%前後の比率。今年も12%前後で推移している

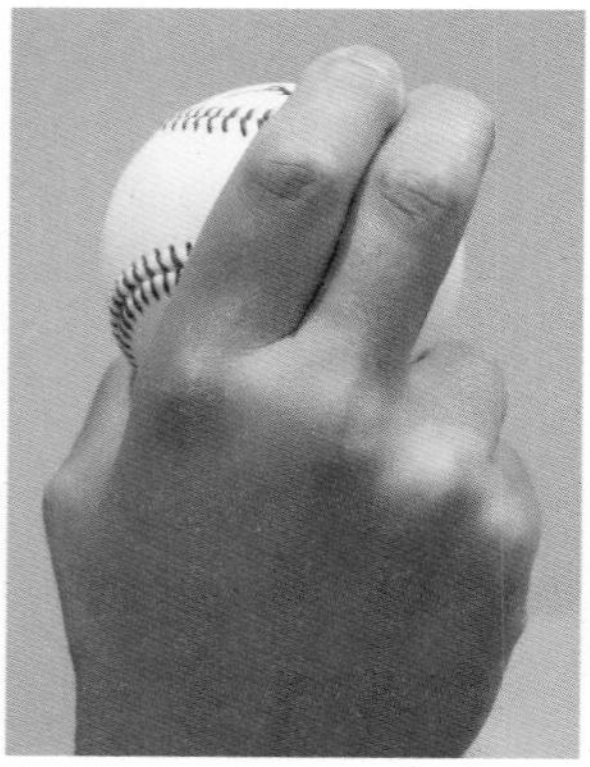

指が長い大谷の場合は、基本の「中指と人さし指をそろえる」のではなく、中指の第2関節を折り曲げて高さが出る握り方をしている

スライダーよりも小さく横に変化するカットボール。握りは投手によってそれぞれですが、基本的には「中指と人さし指をそろえた状態」で縫い目に掛ける。人さし指と親指で握る感覚です。

大谷選手の場合は、基本の「中指と人さし指をそろえる」のではなく、中指の第2関節を折り曲げて高さを出しています。ただ、これは指が長く、手が大きい大谷選手の特徴。僕は手が小さいほうなので写真のような握りになりますし、みなさんが真似をするときはこれで十分だと思います。

大谷選手は素晴らしい投手ですが、たとえばダルビッシュ有投手（パドレス）のような繊細な器用さを持つタイプではない。投手によっては、親指の位置など細かく握りを変えることによって、同じ球種でもさまざまなボールを投げ分け、なかにはすべての球種で細かく変えている選手もいます。しかし、大谷選手は、たとえばスイーパーなどは投げ分けていますが、全球種でそうしているわけではないと思います。だから、大谷選手のカットボールは基本的な握りで投げられる気がします。

カーブ

あまり試合で使わないのは数年先を見越しての「戦略」か？

人さし指と中指の指先は少し開いている点が“大谷流”、指先を閉じた握りと両方を試し、自分に合ったほうを選ぶことがベター

大谷は2021年、カーブは3.6%。2022年には9%に増加したが、今年は2.5%にとどまっており、ここ3年間では最少の比率

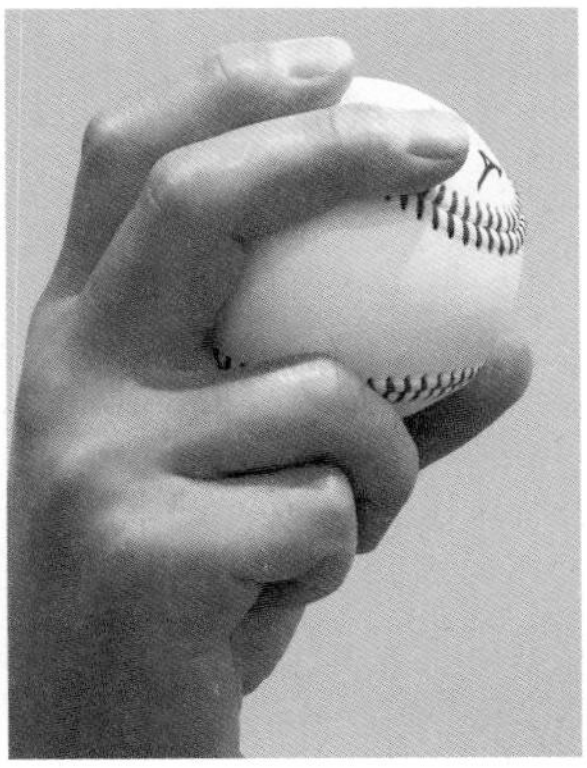

五十嵐氏は現役時代終盤にナックルカーブを多投しており、自身の握りとはまったく違うが、大谷流に２本の指先を開いた形で握ってくれた

大谷選手のカーブは握りが独特。人さし指と中指の間がちょっと開いている。この2本の指をくっつけたほうが、ボールに対して一点に力を入れやすくなるはずなのですが、大谷選手はカットボールのときも2本の指先が若干開いているんです。

これは投手にとって、腕を振ったときの安心感と関係しています。リリース時に少しずれてしまうかもと不安にならないようにするためです。

大谷選手のカーブも、とてもいいんですよ。でも、あまり使わない。彼は先を見据える選手なので、取っておきたいのかもしれない。ＭＬＢではいくら真っすぐが速くても、打たれてしまう。だから、それに加えて得意な変化球を持っている投手が活躍しています。

僕は現役時代、変化球は最初フォークが多かったですが、最終的にはナックルカーブをよく投げるようになりました。また、投げられていたボールが、体の使い方によって思うような変化をしなくなることもあります。大谷選手も、ここからはちょっと違った配球にするはず。数年後には、ガラッと変わっている可能性もありますよ。

特別インタビュー

「ピッチングニンジャ」ことロブ・フリードマン

大谷翔平の社会的バリューは「マイケル・ジョーダン」に並んだ

ツイッターやYouTubeで活動する投球分析家ロブ・フリードマン氏。愛称「ピッチングニンジャ」で知られ、日本でも人気を誇る。投手・大谷の「えげつなさ」に早くから注目していた同氏が語る、大谷翔平の「魅力の本質」とは?

「ピッチング・ニンジャ」ことロブ・フリードマン氏。本業は弁護士だが、大学野球などで投球術アナリストとしての顔を持つ。ＭＬＢのコンサルタントも務める。ジョージア州アトランタ在住、56歳

ショーヘイ・オータニ選手を最初に知ったのは、2014年末か2015年の初めにかけてです。主にYouTubeでさまざまな投手の動画を探すなかで、彼の動きを見て剛速球投手だとわかりました。

私は弁護士をしながら大学野球や「トラベルチーム」（ハイレベルな青少年のクラブチーム）でコーチをしており、指導するにあたって投球を研究するようになったのです。MLBやNPBの剛速球投手の動画をSNSで見つけては、自分なりに体の使い方やボールの軌道を分析していました。彼らは何をしているのか。それはいいものなのか悪いものなのか。それを（選手たちに）どうやって教えたらいいのか——。いろいろと研究するなかで「剛速球投手」の一人として私のアンテナに触れたのがショーヘイ・オータニ選手でした。彼の存在がSNSの投球分析アカウント「ピッチング・ニンジャ」の原点なのです。

私はボールの軌道を動画で分析する際に速球や変化球をコマ送りで処

理し、ボールの軌道にテール（しっぽ）を付けて可視性を高める工夫を施しました。我流で始めたこの手法は「オーバーレイ」と呼ばれるグラフィック画像として定着し、最近ではSNSを中心にあらゆるメディアで見ることができます。

私のツイッターフォロワーに投票してもらった2022年のアワードで、ショーヘイ・オオタニ選手は60投手のなかから「Filthiest Pitcher of the Year」（最もえげつない投手）に選ばれました。私が何年も前から彼を見てきて、いかに優れた投手であるかをようやくみんなが理解してくれたのだと思います。

MLBにおける最新の「流行り球」

私はショーヘイ・オータニ選手をずっと追いかけてきました。豊富な球種、そしてその変化が非常に大きく、かつ習得が早いことが彼の魅力です。フォーシーム以外にも変化球はスイーパー、スプリット、カーブ……シーズン途中にシンカーを覚えてきたこともありましたね。彼の創意工夫、投球の豪快さもそうですが、彼を見ていて一番楽しい点は人柄、そしてピッチングを楽しんでいるところです。あるときは独り言を言ったり、あるときは面白い表情をしたり。ですが得点圏に走者がいる場面では、真剣な表情になる。まるでスーパーヒーローのコスチュームを着て、打者を倒して点を取らせないようにしているような感じがします。

私が暮らす英語圏には「FAD」（流行りもの）という表現があり、ショーヘイ・オータニ選手が投げる「スイーパー」は、まさに現代MLBのFAD（流行り球）と言えます。一昔前の流行り球と言えば、ボールに縦軸回転のスピンをかけて垂直方向に大きく沈ませる「ジャイロボール」がそうでした。

スイーパーという呼称が定着したのはここ1～2年のことだと思います。名付け親は定かではありませんが、過去のMLBにも、投手のグラブ方向へ水平に大きく曲がるスライダー自体は存在していました。

たとえば、1985年に最優秀防御率に輝いたデーブ・スティーブ投手（当時トロント・ブルージェイズ）、1968、1970年にサイ・ヤング賞を受賞したボブ・ギブソン投手（当時セントルイス・カージナルス）

球界最大のブレーキング・スイーパーの持ち主

は、スイーパーと同じ変化のスライダーを持ち球にしていました。

　またヤンキースでは「ワイリー（whirly＝渦巻き）・スライダー」と呼んでいましたし、ドジャースの投手も使っていたことから「ドジャース・スライダー」と呼ばれていたこともあります。

　スタットキャストで解析したデータを公開しているMLBの公式サイト「Baseball Savant」（ベースボール・サヴァント）では、スイーパーが用語として採用されましたね。

　ちなみに私は、デビン・ウィリアムズ投手（ミルウォーキー・ブルワーズ）のチェンジアップを「エアベンダー」と名付けたことがあります。3000回以上回転し鋭く落ちる球で、空気をねじ曲げるという意味合いで命名しました。スイーパーという呼び名もストライクゾーンを横切る特性をうまく表現している、悪くない名前だと思います。

芸術家にたとえるならジャクソン・ポロック

　ショーヘイ・オータニ選手の優れた点は、ホームベースから離れたスイーパーで打者にスイングさせること。球界最大のブレーキング・スイーパーの持ち主です。スイーパーは新しい球種としてMLBを席巻していますが、テクノロジーの進歩も手伝って、今はてこずっている打者たちも必ず順応するときが来るでしょう。あと2～3年もすれば、スイーパーは今ほど特別なボールとして注目されることはなくなるはずです。

　オータニ選手は今、スイーパーが狙われていることがわかると試合の途中で配球を切り替えます。彼はスイーパーのほかに、打者が打てないスプリットも持っています。スプリットなら空振りの割合を示すスタッツ「Whiff％」で50％くらいになるでしょうから、打者が彼にアジャストするのが難しくなる。

　オータニ選手は「芸術家」なんです。ダルビッシュ有投手（サンディエゴ・パドレス）もそう。ダルビッシュ投手は自分が思う通りに正確に投げられる。どちらかといえば、あらゆる色を使って正確に絵画を描くタイプ。画家にたとえるとレンブラント・ファン・レインです。オータニ選手はジャクソン・ポロックのような大きな筆遣いで絵を描く画家だと思います。派手で色とりどり、そ

「英語を自在に使いこなすアスリートではありませんが、彼の表情は言葉以上にたくさんの情報を私たちファンに伝えてくれています」（フリードマン氏）

オータニ選手はポロックのように大きな筆遣いで絵を描く〝画家〟だと思います

して大胆にね。彼のビッグな変化球――地球に落ちていくかのようなスプリット、ストライクゾーンを横切るスイーパー、時速101マイル（約162・5キロ）のファストボール、そしてブレーキの利いたカーブ。これらを大胆な色使いで、大きな筆致で描くところがほかの投手との違いです。その他の投手たちも芸術家ではありますが、私の印象では小さい筆遣いで描いているような感じがします。

彼の表情は言葉以上に多くの情報を伝える

正直に告白すると「打者・オータニ」に関しては、果たしてMLBの投手相手にコンスタントに打てるのか？　と私はやや懐疑的でした。鳴り物入りでMLBに入団したものの、評判通りに打てなかった選手は過去にたくさんいましたからね。当初は打者としての彼をあまり注意して見ていませんでした。

ですが、わかったのです。MLBの投手と対戦するたびに彼は修正してくる。最初は苦戦しても、すぐにアジャストしてくることに気づきました。とんでもないほど素晴らしいアスリートです。

また、オータニ選手はMLBでも数少ない万人に好かれる選手の一人。フィールドの内外でうまく自分を表現し、笑顔でプレーし、そして競技者である。誰もが自然と彼に惹かれるのです。プレーする熱意はファンにも伝わります。英語を自在に使いこなすアスリートではありませんが、彼の表情は言葉以上にたくさんの情報を私たちファンに伝えてくれています。私がもし球団のGMであるなら、チームを助けてくれる選手としてだけでなく、絶対に悪いことをしない市場価値の高いスーパースターだとみます。どのチームに行っても、そのチームの顔になれる存在です。

大谷翔平はMLBのアイコン

彼は今、アメリカ中で最も注目を集めるMLBのアイコン的存在へと成長しました。同世代のアスリートだと、たとえばNFLにはパトリック・マホームズJr.という稀代《きだい》のスーパースターが誕生しましたが、個人的にはオータニ選手の好感度はマホームズのそれを大きく上回っていると感じています。アメリカで生活をしていると、彼を見ずに毎日を送ることは困難です。新たにアンバサダーに就任したニューバランスのテレビCMが朝昼晩に流れ、そして街の至る所でニューバランスの広告が視界に飛び込んでくるからです。

オータニ選手の社会的バリューはかつてアメリカンフットボールと野球の二刀流で大活躍したボー・ジャクソンか、バスケットボール界の〝神様〟と呼ばれた、MJことマイケル・ジョーダンと同等です。投手としても打者としても圧倒的な数字を残しながら、ロールモデルとしても申し分ない。MLBの投手が彼にサインをもらいに来るくらいです。打者としても投手としてもエリート。MVPとサイ・ヤング賞の両方を獲得することを期待しています。

私は彼に直接会ったことはありませんが、オールスターゲームで私の横を通ったことがあるんです。みんなオータニ選手のことが好きだから、いつも大声で声をかけられている。立ち止まって挨拶することは難しいでしょうから、私は今年のオールスターで彼に向かって、スマートに手を振ってみようと思っています。

取材／小島克典　構成・文／丸井乙生

2002年WS《ワールドシリーズ》制覇の立役者
ティム・サーモン
（1992〜2006年）

通算306本塁打の巧打者
フレッド・リン
（1981〜1984年）

「二刀流」でMLBの顔
大谷翔平
（2018年〜）

ロスの街を沸かせる「天使たち」のヒストリー！

エンゼルス大解剖

1961年、アメリカン・リーグのエクスパンション（球団拡張計画）としてロサンゼルスに誕生したエンゼルス。MLBを代表するレジェンド選手たちが在籍したことでも知られるが、ワールドシリーズ制覇は2002年の1回のみ。球団の歴史から大谷選手とチームメートの人間関係まで、「天使たち」の過去と現在を徹底紹介！

エンゼルスで4度の「ノーノー」
ノーラン・ライアン
(1972〜1979年)

"ミスター・オクトーバー"
レジー・ジャクソン
(1982〜1986年)

選手初の球団永久欠番
ロッド・カルー
(1979〜1985年)

ゴジラも1年だけ在籍
松井秀喜
(2010年)

中継ぎ抑えで287試合登板
長谷川滋利
(1997〜2001年)

MVP3度の現役「最強選手」
マイク・トラウト
(2011年〜)

ロサンゼルス・

ロサンゼルス・エンゼルス
挫折と栄光の61年史

草創期

1961年

アメリカン・リーグのエクスパンションに基づき、ロサンゼルスにおける新球団の設置が決定。球団名は地名の由来であるスペイン語「Los Angeles」の英語「The Angels（天使たち）」より。1903～1957年パシフィックコーストリーグに同名のチームも存在

初代オーナーのジーン・オートリー氏。オートリーに敬意を表し、エンゼルスでは背番号26が永久欠番に

1964年

シーズン成績は82勝80敗の5位。ディーン・チャンスが20勝9敗、防御率1・65で球団初の個人タイトルとなる最多勝&最優秀防御率を獲得。球団初のサイ・ヤング賞を受賞した

躍進期

1979年

前年に引退、就任2年目となる30代のジム・フレゴシ監督の下、投手ではノーラン・ライアン、打者ではロッド・カルー、ドン・ベイラーらの強力打線で球団初の地区優勝を飾り、ア・リーグ優勝決定シリーズ（ALCS）進出を果たした。シーズンMVPはドン・ベイラー

1982年

ベテランぞろいのチームで2度目の地区優勝。1986年に3度目の地区優勝を果たし、3勝1敗で迎えたALCS第5戦で9回2死から逆転負けを喫し、その後も敗れてワールドシリーズ進出を逃す

混迷期

1987年

この年は75勝87敗で6位に終わり、前年に地区優勝へ導いたジーン・モーク監督が退任。エンゼルスの混迷が始まる。翌1988～1994年の7シーズンのうち、4シーズンは複数の監督が務める状況に

1973年7月、シーズン2度目の「ノーノー」を達成したノーラン・ライアン

エクスパンション（球団拡張）によって西海岸に誕生したエンゼルス。球団には栄枯盛衰がつきものだが、エンゼルスにはどこか牧歌的な雰囲気が漂う。のどかなアナハイムの土地柄なのか、球団名の由来が「天使」だからなのか。初代オーナーが「歌うカウボーイ」、歌手兼カウボーイ俳優のジーン・オートリー氏であることも、球団の気風を決定づけたのかもしれない。

誕生間もない1960年代は苦戦したが、1972年にノーラン・ライアンを獲得。ライアンはノーヒットノーランを連発し、世界の注目を集めた。1973年5月に右腕投手では球団初のノーヒットノーランを達成し、7月にはMLB史上5人目となる1シーズン2度目の「ノーノー」をマーク。1974年に3度目、1975年に当時のMLB記録に並ぶ4度目。1979年にはヤンキースを相手に9回1死からレジー・ジャクソンに中前打を浴び、当時MLB単独トップとなる通算5度目の「ノー・ノー」を逃した。

打線では、1970年にアレックス・ジョンソンが球団史上初の打撃タイトルとなる首位打者。現役時代

暗黒期			黄金期		

1991年

このシーズンは1981年以来10年ぶりの7位に終わって低迷。地区優勝した1986年を最後にポストシーズン進出は2002年までなかった。光明は1994年途中から就任したマーセル・ラッチマン監督の下、翌1995年に2位に浮上したこと

2002年

就任3年目のマイク・ソーシア監督の指揮で99勝63敗、ワイルドカードを獲得。地区シリーズ（ALDS）ではヤンキースを第4戦、ALCSではツインズを第5戦で撃破。ワールドシリーズ第6戦ではジャイアンツを0－5から大逆転。第7戦を制して球団史上初の世界一

2004年

95勝67敗で1986年以来18年ぶり4度目の地区優勝。就任5年目を迎えたマイク・ソーシア監督の下、一躍強豪チームにのし上がった。ポストシーズンの常連となり、この年以降は2009年までの6シーズンで地区優勝5度を数える黄金期

2014年

2009年以来5年ぶり9度目の地区優勝。ALDSはロイヤルズに敗れて敗退したが、マイク・ソーシア監督はこのとき就任15年目。のちに、ソーシア監督は2021年夏開催の東京2020五輪でアメリカ代表監督を務め、決勝で日本に敗れて銀メダル

2016年

この年から球団名を現名称の「ロサンゼルス・エンゼルス」に。心機一転と思いきや、地区優勝、そしてポストシーズンからも遠ざかり、ソーシア監督は契約通り60歳となる2018年をもって退任。2019年ブラッド・オースマス監督就任も1年で退任

2022年

前年まで4年連続4位と不振も、大谷が二刀流で次々とMLB記録を樹立。しかし、チームは浮上のきっかけをつかめず、2020年に就任していたジョー・マドン監督が6月に退任。三塁コーチのフィル・ネビン監督が引き継いだが、3位に終わった

ドン・ベイラーは1979年に139打点で打点王

2002年に初の世界一

2017年12月、大谷の入団会見にソーシア監督が出席

にベーブ・ルースとルームメートだったジミー・リース氏が1972年からコーチに就任し、守備を鍛えあげるなど、チームは成熟。1982年には他球団での受賞も含め、シーズンMVPカルテットが居並んだ。ドン・ベイラー（1979年MVP）、レジー・ジャクソン（1973年ヤンキースでMVP）、フレッド・リン（1975年レッドソックスでMVP）、安打製造機のロッド・カルー（1977年ツインズでMVP）とそうそうたる顔ぶれで地区優勝も、ア・リーグ優勝決定シリーズ（ALCS）で敗れた。

1986年には「あと1人」で初のリーグ優勝を逃している。3勝1敗で迎えたレッドソックスとのALCS第5戦、9回2死一塁から救援投手が逆転2ランを被弾。その裏、同点に追いついたが延長11回に万事休し、その後2連敗を喫した。

名物監督は、2000年の就任から19年間にわたって指揮を執ったマイク・ソーシア氏。就任3年目の2002年に、球団初のワールドシリーズ制覇を成し遂げた。監督通算成績1650勝1428敗、勝率5割3分6厘は球団史上最高。

9年ぶりのポストシーズンを目指す エンゼルスの主力選手

31 今季加入の「打たせて取る先発」 タイラー・アンダーソン

昨季はドジャースで自己最多の15勝5敗、防御率2・57。今季から年俸3年総額約54億6000万円で加入し先発の一角。5月30日終了時点で大谷に次ぐ10試合登板で2勝1敗。打たせて取る投球

先発 33歳｜左投左打

43 WBC準決勝、日本戦で先発 パトリック・サンドバル

今年のWBC準決勝でメキシコ代表として先発し、5回途中まで無失点。1次ラウンドのアメリカ戦ではトラウトから空振り三振を奪って勝利投手に。エンゼルスでは大谷とともに先発の柱として活躍

先発 26歳｜左投左打

88 1992年全体ドラフト1位 フィル・ネビン

昨年6月、ジョー・マドン前監督解任を受けコーチから監督代行に。1992年バルセロナ五輪代表。同年全体ドラフト1位でアストロズから指名。7球団を経て引退後はヤンキースでもコーチを務めた

指揮官 52歳

54 ルーキーリーグから叩き上げ ホセ・スアレス

ベネズエラ出身。ルーキーリーグからはい上がってきた苦労人。2019年にメジャー初出場。2021年から先発ローテーション入り。今季は先発ローテーション入りも5月に左肩痛で故障者リスト入り

先発 25歳｜左投左打

47 2020年ゴールドグラブ賞 グリフィン・キャニング

2017年ドラフトで入団。2020年は11試合2勝3敗、防御率3・99でゴールドグラブ賞右腕。野手を使いきった2021年6月24日のジャイアンツ戦で左翼守備に入ったことも。今年は先発ローテーション

先発 27歳｜右投右打

48 ノーノー達成の若手有望株 リード・デトマーズ

先発陣期待の若手左腕。2020年ドラフト1巡目でエンゼルス入り。昨季は先発6番手でローテーション入りし、5月10日レイズ戦でノーヒットノーランを達成するなど25試合登板で防御率3・77

先発 23歳｜左投左打

28 フル回転の鉄腕リリーバー アーロン・ループ

今年のWBCアメリカ代表。2021年はメッツで65試合登板、防御率はなんと0・95。昨季エンゼルス加入後は65試合登板で防御率3・84。今季は5月上旬に右太腿裏痛で離脱も復調気配。「なおエ」の主犯とも

中継ぎ 35歳｜左投左打

60 安定した中継ぎで年俸以上の活躍 アンドリュー・ワンツ

2018年エンゼルスのドラフト7巡目指名。2022年にメジャー初昇格。年俸1億円はMLBでは控えめな金額だが、今季は5月30日終了時点で14試合登板3ホールド、防御率3・32と上々の働き

中継ぎ 27歳｜右投右打

55 沖縄育ちの元鷹助っ人左腕 マット・ムーア

アメリカ空軍勤務の父が沖縄・嘉手納基地に配属され、1996年から4年間沖縄に住んでいた。2020年、MLB54勝左腕としてソフトバンク加入も、コロナ禍の影響もあって13試合登板で退団

セットアッパー 34歳｜左投左打

21 打撃力ある新・女房役 マット・サイス

バージニア大時代に強打の捕手として注目され、2016年エンゼルスのドラフト1巡目で入団し、内野手転向。2019年初昇格も低迷して捕手に再転向。負傷者が多い捕手陣で今季は試合出場増

捕手 28歳｜右投左打

53 今季加入の新守護神 カルロス・エステベス

ドミニカ共和国出身で、昨季はロッキーズで62試合登板。2年総額18億円で今季からエンゼルス移籍。5月30日終了時点で24試合登板1勝1敗13セーブ、2ホールドと新守護神に君臨している

抑え 30歳｜右投右打

49 トミー・ジョン手術から復活 クリス・デベンスキー

2016年にアストロズでメジャー初出場。翌2017年からは同年自己最多62試合をはじめ、3年連続で50試合以上に登板。2021年トミー・ジョン手術を経て昨年加入。中継ぎとなって復活

中継ぎ 32歳｜右投右打

Los Angeles Angels

6 PS《ポストシーズン》進出のカギ握る“50億円男” アンソニー・レンドン

2020年から7年契約、年換算で約50億円の巨額契約を結んだ。今季は5月13日にガーディアンズ戦で左脚付け根の張りで故障者リスト入り。復帰すれば、ポストシーズン進出のカギを握る中心選手

三塁手　33歳｜右投右打

2 WBCベネズエラ代表 ルイス・レンヒーフォ

今年のWBCベネズエラ代表。昨季127試合出場で打率2割6分4厘、17本塁打、52打点とキャリアハイ。打線の中軸を担った。レイズ傘下から2018年に移籍し、翌2019年4月MLB初出場

ユーティリティー　26歳｜右投両打

33 昨季は大谷と鉄板バッテリー マックス・スタッシ

昨季は大谷の28試合登板のうち26試合でマスクをかぶった女房役。今年のWBCでイタリア代表選出も個人的な事情で辞退。今季も家族の事情とでん部の負傷で欠場しているが、正捕手の復帰が待たれる

捕手　32歳｜右投右打

18 下剋上狙うユーティリティー ジェイク・ラム

一、三塁と外野も守れるユーティリティー・プレーヤー。2017年にダイヤモンドバックスで自己最多30本塁打。複数球団を渡り歩き、今季からエンゼルスとマイナー契約し昇格。ポジション争い激化

ユーティリティー　32歳｜右投左打

10 レンドン不在の三塁埋める ジオバニー・ウルシェラ

年俸50億円の三塁手・レンドンが5月に故障者リスト入りするなか、内野の万能選手として三塁を任された。昨季はツインズで自己最多の144試合、打率2割8分5厘、13本塁打、64打点。今年のWBCコロンビア代表

ユーティリティー　31歳｜右投右打

9 守備力◎の大物ルーキー ザック・ネト

昨年のドラフトでエンゼルス1巡目の新人。4月中旬に初昇格以来、攻守で活躍。5月30日ホワイトソックス戦で強烈な打球を止めて、ノーステップで一塁送球の美技。同日終了時点で今季42試合出場

遊撃手　22歳｜右投右打

3 昨季23本塁打でブレーク テイラー・ウォード

強肩捕手として2015年ドラフト全体26位でエンゼルス入団。2018年三塁手転向で開眼して初昇格。昨季は自己最多の135試合出場で打率2割8分1厘、23本塁打をマーク。主に左翼を守る

外野手　29歳｜右投右打

23 内外野守れる万能選手 ブランドン・ドルーリー

ネビン監督がダイヤモンドバックス傘下で指導した教え子。2022年はレッズで92試合20本塁打、夏にパドレス移籍後も46試合8本塁打でシルバースラッガー賞。中堅を除く内外野の万能選手

ユーティリティー　30歳｜右投右打

20 不眠症から元主砲復活 ジャレド・ウォルシュ

今春キャンプから不眠症と頭痛に苦しみ、故障者リスト入りで開幕。2021年は144試合出場で29本塁打。昨季は不調で、闘病しながらのシーズンだった。今季は5月20日のツインズ戦で復帰

一塁手　29歳｜左投左打

16 “ドラ1”が負傷から復活期す ミッキー・モニアック

2016年ドラフトでフィリーズが全体1位指名。伸び悩んだが2020年初昇格。昨年8月にエンゼルス移籍後は死球で負傷も、今季は5月19日ツインズ戦にスタメンでシーズン初出場。2015年U18杯で日本と対戦

外野手　25歳｜右投左打

27 MVP3度の現役最高選手 マイク・トラウト

エンゼルス一筋の現役最高選手。2012年盗塁王、2014年打点王。同年からシーズンMVP3度。今年のWBC決勝9回2死で大谷に空振り三振。2人の本塁打共演は「トラウタニ砲」と呼ばれる

外野手　31歳｜右投右打

12 トラウトと顔面相似の強肩強打 ハンター・レンフロー

2021年はレッドソックスで31本塁打、外野手ではMLB最多の16捕殺。昨季まで通算157本塁打の強肩強打の外野手。今季からトレードで加入し、トラウトと顔が似ていると話題に。主に右翼手

外野手　31歳｜右投右打

※年齢は2023年6月24日現在

大谷翔平をめぐるエ軍の「人間関係」最新チャート

大谷翔平

トラウト

WBC決勝では9回2死、大谷はトラウトから三振を奪って優勝を決めた。今季4月の3者連続弾では大谷に笑顔で兜をかぶせた

最強コンビ

ネビン

三塁コーチだった時代からジョークを交わす仲。二刀流をこなすためのルーティンを続ける大谷を温かく見守っている

信頼関係

水原一平

日本ハムの通訳から大谷の渡米に同行。2021年球宴ホームランダービーで捕手を務めて拍手喝采を浴び、大谷は「ちょっとムカついた」

通訳兼マネジャー

サンドバル

WBC準決勝で先発し、大谷から「まあまあいいピッチャーでしたね」とジョーク。WBC決勝も現地観戦し、大谷の雄姿を見届けた

仲良し

スアレス

ベンチ内でのいたずら対決が頻繁に中継カメラに抜かれる。よくモノマネ対決をしており、大谷のWBC優勝シーンも真似していた

いたずら仲間

フレッチャー

2018年、本塁打後にパフォーマンス「マリオジャンプ」をやろうと大谷と決めたのに、初披露時に忘れる。現在はマイナーで調整中

仲良し

ラリー・モンキー

猿の球団マスコット。6回以降で同点または劣勢時に猿が跳びはねる姿が大型画面に。大谷バージョンのぬいぐるみも発売

逆転劇の象徴

レンフロー

試合前に大谷と談笑したり、声をかけたりする様子が多数目撃されている。レンフローが大谷のバットを叩いて気合注入

仲良し

ウルシェラ

大谷がバットに日本語で「ヒット」と書いてあげたらマルチ安打。兜をかぶった大谷がウルシェラの腕をツンツンすることも

仲良し

エンゼルス年度別成績（1961～2022）

年度	レギュラーシーズン				ポストシーズン	監督
	順位	勝利	敗戦	勝率		
ロサンゼルス・エンゼルス						
1961	8	70	91	.435		ビル・リグニー
1962	3	86	76	.531		ビル・リグニー
1963	9	70	91	.435		ビル・リグニー
1964	5	82	80	.506		ビル・リグニー
1965	7	75	87	.463		ビル・リグニー
カリフォルニア・エンゼルス						
1966	6	80	82	.494		ビル・リグニー
1967	5	84	77	.522		ビル・リグニー
1968	8	67	95	.414		ビル・リグニー
1969	3	71	91	.438		ビル・リグニー／レフティ・フィリップス
1970	3	86	76	.531		レフティ・フィリップス
1971	4	76	86	.469		レフティ・フィリップス
1972	5	75	80	.484		デル・ライス
1973	4	79	83	.488		ボビー・ウィンクルス
1974	6	68	94	.420		ボビー・ウィンクルス／ディック・ウィリアムズ
1975	6	72	89	.447		ディック・ウィリアムズ
1976	4	76	86	.469		ディック・ウィリアムズ／ノーム・シェリー
1977	5	74	88	.457		ノーム・シェリー／デーブ・ガルシア
1978	2	87	75	.537		デーブ・ガルシア／ジム・フレゴシ
1979	1	88	74	.543	ALCS敗退（1−3 オリオールズ）	ジム・フレゴシ
1980	6	65	95	.406		ジム・フレゴシ
1981	5	51	59	.464		ジム・フレゴシ／ジーン・モーク
1982	1	93	69	.574	ALCS敗退（2−3 ブルワーズ）	ジーン・モーク
1983	5	70	92	.432		ジョン・マクナマラ
1984	2	81	81	.500		ジョン・マクナマラ
1985	2	90	72	.549		ジーン・モーク
1986	1	92	70	.568	ALCS敗退（3−4 レッドソックス）	ジーン・モーク
1987	6	75	87	.463		ジーン・モーク
1988	4	75	87	.463		クッキー・ロハス／ムース・ステュービング
1989	3	91	71	.562		ダグ・レイダー
1990	4	80	82	.494		ダグ・レイダー
1991	7	81	81	.500		ダグ・レイダー／バック・ロジャース
1992	5	72	90	.444		バック・ロジャース／ジョン・ワーサン／マーセル・ラッチマン
1993	5	71	91	.438		バック・ロジャース
1994	4	47	68	.409		バック・ロジャース／マーセル・ラッチマン
1995	2	78	67	.538		マーセル・ラッチマン
1996	4	70	91	.435		マーセル・ラッチマン／ジョン・マクナマラ／ジョー・マドン
アナハイム・エンゼルス						
1997	2	84	78	.519		テリー・コリンズ
1998	2	85	77	.525		テリー・コリンズ／ジョー・マドン
1999	4	70	92	.432		テリー・コリンズ／ジョー・マドン
2000	3	82	80	.506		マイク・ソーシア
2001	3	75	87	.463		マイク・ソーシア
2002	2	99	63	.611	WS優勝（4−3 ジャイアンツ）	マイク・ソーシア
2003	3	77	85	.475		マイク・ソーシア
2004	1	92	70	.569	ALDS敗退（0−3 レッドソックス）	マイク・ソーシア
ロサンゼルス・エンゼルス・オブ・アナハイム						
2005	1	95	67	.586	ALCS敗退（1−4 ホワイトソックス）	マイク・ソーシア
2006	2	89	73	.549		マイク・ソーシア
2007	1	94	68	.580	ALDS敗退（0−3 レッドソックス）	マイク・ソーシア
2008	1	100	62	.617	ALDS敗退（1−3 レッドソックス）	マイク・ソーシア
2009	1	97	65	.599	ALCS敗退（2−4 ヤンキース）	マイク・ソーシア
2010	3	80	82	.494		マイク・ソーシア
2011	2	86	76	.531		マイク・ソーシア
2012	3	89	73	.549		マイク・ソーシア
2013	3	78	84	.481		マイク・ソーシア
2014	1	98	64	.605	ALDS敗退（0−3 ロイヤルズ）	マイク・ソーシア
2015	3	85	77	.525		マイク・ソーシア
ロサンゼルス・エンゼルス						
2016	4	74	88	.457		マイク・ソーシア
2017	2	80	82	.494		マイク・ソーシア
2018	4	80	82	.494		マイク・ソーシア
2019	4	72	90	.444		ブラッド・オースマス
2020	4	26	34	.433		ジョー・マドン
2021	4	77	85	.475		ジョー・マドン
2022	3	73	89	.451		ジョー・マドン／フィル・ネビン

※1969年から東・西地区の2地区制、1994年から東・中・西の３地区制。
WS＝ワールドシリーズ、ALCS＝アメリカン・リーグチャンピオンシップシリーズ、ALDS＝アメリカン・リーグディビジョンシリーズ

メジャー経験者だからわかる! 大谷翔平の〝本当のすごさ〟教えます

ホワイトソックスで世界一を経験

井口資仁

Tadahito Iguchi

連戦でも休まない〝底なし体力〟 思考回路が常人とは違う

井口資仁氏は2005年、シカゴ・ホワイトソックスで日本人野手として初めてワールドシリーズ優勝を経験した。その井口氏が野手目線で大谷翔平のすごさを解説する。

日本人野手として初のチャンピオンリングを獲得した井口資仁氏。MLBにおいて、日本人野手として成功を収めた数少ない選手だ。その井口氏から見た大谷の恐るべき点は、まず何よりも「体力」だという。今年、NPBのリーグ試合数は143試合だが、MLBは162試合、20連戦もザラにある。

「過酷な日程で先発ローテーションを守りながら、毎日打者として出場して、盗塁まで決める。この体力は、本当にすごい。僕は野手で1年間出場するだけでも大変でしたから。普通ならまず〝しんどい〟というのが最初に来るはずなんです。でも、おそらく彼のなかでは、それ(二刀流)をするのが当たり前という感覚で入っているのでしょう。そういう意味でも、思考回路が常人とは違う。本当に野球が好きで好きで仕方がないという印象を受けます」

大谷の筋肉が目に見えて進化したのは、MLB4年目の2021年。

いぐち・ただひと●1974年12月4日生まれ、東京都出身。国学院久我山高－青山学院大。96年ドラフト1位でダイエー(当時)入団。2005年からMLB3球団で4季プレー、09年ロッテ、17年引退。MLB通算493試合、打率.268、44本塁打、205打点。18～22年はロッテ監督。現在は野球解説者

シーズンでは、日本人選手最多の46本塁打をマークした。

「2年目にトミー・ジョン手術をしたことで、体をしっかりつくり上げることができた。それが本塁打の増加につながったのでしょう。MLBでも体が大きいほうなので、パワーでも遜色ないはずです。トレーニングも、『ドライブライン』のような最新施設を利用して、最先端のメニューに取り組んでいる。今は、この筋肉を鍛えたら打撃のパフォーマンスにこういう効果があるという情報が数値化されている。鍛えるだけではなく、リカバリーも考えられている。無駄がないんです」

動くボールと早い投球動作に順応

日本人野手がMLB移籍後に、打撃面で直面する壁があるという。

「MLBの投手が投げる『動くボール（ムービング・ファストボール）』への対応です。僕と同学年の松井秀喜選手も、そこで苦労していた印象です。僕は打順が2番だったので、進塁打や広角に打つイメージでプレーしていたため、比較的苦しまなかったのですが、大谷選手も当初は、さまざまなタイミングの取り方をしていました。一つひとつ壁を乗り越えて今があると思います」

また、MLBの投手はテークバックが小さいという特徴もある。加えて、練習では打撃投手と打者の距離が日本の約半分。日本のときとは異なる対応に迫られるが、大谷は年々順応してきた。

「球が速い、そしてテークバックが小さい。今年からピッチクロックが導入され、投手は短い間隔でどんどん投げてくる。打者は、NPB時代のように足を大きく上げたり、テークバックを大きく取ったりしていたらタイミングが合いません。コンパクトなテークバックで、ノーステップで打つというフォームに改良する必要があります」

今季の大谷に、井口氏が期待するところは何だろうか。

「本塁打数、そして打率3割も視野に入れている気がします。そして、数字よりもシーズンMVPとサイ・ヤング賞のダブル受賞を意識しているかもしれません。投打で頂点を極めたことになりますから。願望も含めて、僕はそう予想しています」

（取材・文／矢崎良一）

鍛え上げられた大谷の体格はMLBの選手のなかにあってもひときわ大きい

日本人メジャー最多517試合登板

長谷川滋利

Shigetoshi Hasegawa

〝ピッチトンネル〟で曲がる変化球 本番に強い「アジャスト力」

「投手・大谷」は最速101マイル（約163キロ）を投げるパワーピッチャー。しかし、近年は変化球に注目が集まる。MLBで9シーズンを投げぬいた長谷川滋利氏が「2023年の投手・大谷」を解説。

はせがわ・しげとし●1968年8月1日、兵庫県出身。東洋大姫路高ー立命館大。高校で3度甲子園出場、大学では4年間40勝。90年ドラフト1位でオリックス入団。97年から9年間エンゼルス、マリナーズでプレーし、MLB通算517試合登板は日本人最多。昨季まではオリックス副GM

「投手・大谷」の代名詞となった新変化球「スイーパー」。打者の手元で20インチ（約51センチ）以上も大きく曲がり、見逃せばボールとなる球でも、体が反応してバットが出てしまう〝魔球〟と恐れられている。

MLBで日本人最多の通算517試合に登板した長谷川滋利氏は、大谷のスイーパーのすごさは「どの時点で曲がるか」だとみる。

「事細かくデータ化される昨今、『ピッチトンネル』という理論が重要になっています。投手と打者との距離を3分割し、打者の手元から3分の1の距離をそう呼びます。変化球ならそこで曲がるようにするんです」

ピッチトンネルまでの軌道が直球、またはほかの変化球と同じであれば、打者からすれば手元で変化するため、対応が難しくなる。

「早い段階で曲がれば見極められますが、ピッチトンネルを通って変化するように調整しているはずです。

二刀流を続けるべく、大谷は打たせて取る投球へシフト

だから、打者は思いもかけず、とんでもないスイングをしてしまう」

マウンドでの類まれな「察知能力」

大谷の類まれな才能は〝アジャスト力〟にあると長谷川氏はにらんでいる。MLB初年の2018年、オープン戦では防御率27・00、打率1割2分5厘も、開幕戦で初打席の初球で初安打。初登板では6回3失点で初白星を挙げ、その2日後には初本塁打を放った。

「開幕前の段階で、当時の監督は〝起用は難しい〟と考えていたと思います。ところが、シーズンに入ったらアジャストしていた。僕らからすると、その時点で『ほかの選手とはレベルが違う』と驚いていました」

それは、近年の投球内容の変遷にも表れている。

「2021年まではスプリットを多投して三振を狙っていましたが、昨季はスライダーやツーシームで打たせて取る投球に変化した。3球投げなければ奪えない三振よりも、1球でも少ない球数でアウトにする意図が感じられます。今季は、打者がスイーパー狙いだとわかれば、球種の割合を変える。これは意外と感知できないものなんです。これはマウンドでは

投手として最高の名誉であるサイ・ヤング賞受賞。長谷川氏は「投手に専念すれば、すぐに獲れると思います」と前置きしたうえで、ポイントに「イニング数」を挙げた。

「13度も100球未満で完封した大投手のグレッグ・マダックスが『理想は27球で完封』と言っていたそうです。それくらいイニング数が重要視されているMLBでは、いかに球数を少なくして長いイニング数を投げるかが大事。二刀流を続ける限り、中4日での登板が難しいため、カバーできる点はイニング数です。現段階では多くて7回ですが、これが7、8回でまだ80球しか投げていないとなれば、チームへの貢献度も高く評価されます」

2000年以降ではジャスティン・バーランダー（ニューヨーク・メッツ）とクレイトン・カーショウ（ロサンゼルス・ドジャース）の2人しか達成していないMVPとサイ・ヤング賞のダブル受賞。大谷にとって、それはもはや夢物語ではない。

（取材・文／斎藤寿子）

2009〜2011年ブレーブス

川上憲伸

Kenshin Kawakami

シーズン中も月単位で行っているピッチングの“イノベーション”

大谷は投手としてシーズンごとに配球を変え、打者の目先を変える。球種の割合はシーズン、いや月単位でも変わっているという。アトランタ・ブレーブスで50試合に登板した川上憲伸氏がその狙いを分析する。

かわかみ・けんしん●1975年6月22日、徳島県出身。徳島商業高ー明治大。97年ドラフト1位で中日入団。2004、06年最多勝、06年最高勝率、奪三振王。NPB通算275試合117勝76敗、防御率3.24。09年から3季ブレーブス、12年中日復帰、17年引退。右投げ右打ち

現役引退後は野球評論家として、日米の解説を行う川上憲伸氏。理路整然でありつつ、時にユーモアを交えた軽妙な語りは、自身のYouTubeを含めファンから人気が高い。「投手・大谷」のすごさについても、やはり明快に答えてくれた。

「米国で言う100マイル、160キロの直球を投げられる投手は世界中でもそんなにいないのに、高校時代から投げられた。それがまず、すごい。投手であれば、誰もが速い直球を投げたいというロマンがありますが、それをバンバン投げているんですから」

ただ、速いだけでは打たれる。日本時代とはピッチングスタイルを変化させたこともポイントだという。

「日本では速い直球とスライダーとスプリット(フォークボール)の3種類ほどの球種で配球を組み立てていましたが、MLBでは新しい変化球にどんどん挑戦している。どんなにすごい変化球を投げても、対戦を

重ねていくと打者は慣れて対応してきます。また、アメリカでは日本以上にデータが細かく分析されるので、常に違う武器をつくり、ピッチングをイノベーションしていく必要があるんです。そのうえで、大谷投手は、打者が慣れてくる前に違う変化球を投げる。絞られる球種を変えているんです。それも、普通の投手なら何年もかけてやることを、シーズン中の月単位でやっているように見えます。投手と打者は永遠の追いかけっこですが、今の大谷投手はその追いかけっこで捕まらないんです」

問題が起こる前に予測対処法を用意している

日本時代からのスライダーやスプリットに加え、昨季からシンカー（ツーシーム）も使い始め、今季は「スイーパー」と呼ばれる、横に大きく曲がるスライダーが話題となった。だがそれも、すでに打者が狙っていると。またどこかで新たな球種が導入されるだろう。川上氏は大谷のすごさの一つに「予測する力」を挙げる。

「彼は事件が起きてから解決するのではなく、起こる可能性のある事柄を予測し、対処法を用意しておく。だから、問題が起こる前に解決できている。意外と自分のことをわかっていない選手が多いものですが、彼は自分自身をすごく研究している。大谷翔平という選手を一番わかっているのは彼自身。多くの選手が『MLBに行きたい』と願望だけを口にするところを、彼はまだ中学生のころから『こうやってMLBへ行く』と具体的に考えていた。大谷選手の本当の強さは、そういうところかもしれません」

もし、現役時代の川上氏が大谷選手と対戦するとしたら。仮定の質問に、川上氏は楽しそうに「打たれたいな」と予想外の答えを返してきた。

「投手はすごい打者と相対したときに、もちろん抑えたい、三振を取りたいものですが、打たれた瞬間にどんな衝撃を受けるかを味わいたいという気持ちもある。普通なら空振りするゾーンに行ったボールを、どんなふうに打ち、どこまで飛ばすのか。その人のすごさというものは、打たれてみないと実感できない。大谷選手は、それくらいずばぬけた存在なんですよ」

（取材・文／矢崎良一）

シーズン中にも配球を大きく変えている大谷。練習にも余念がない

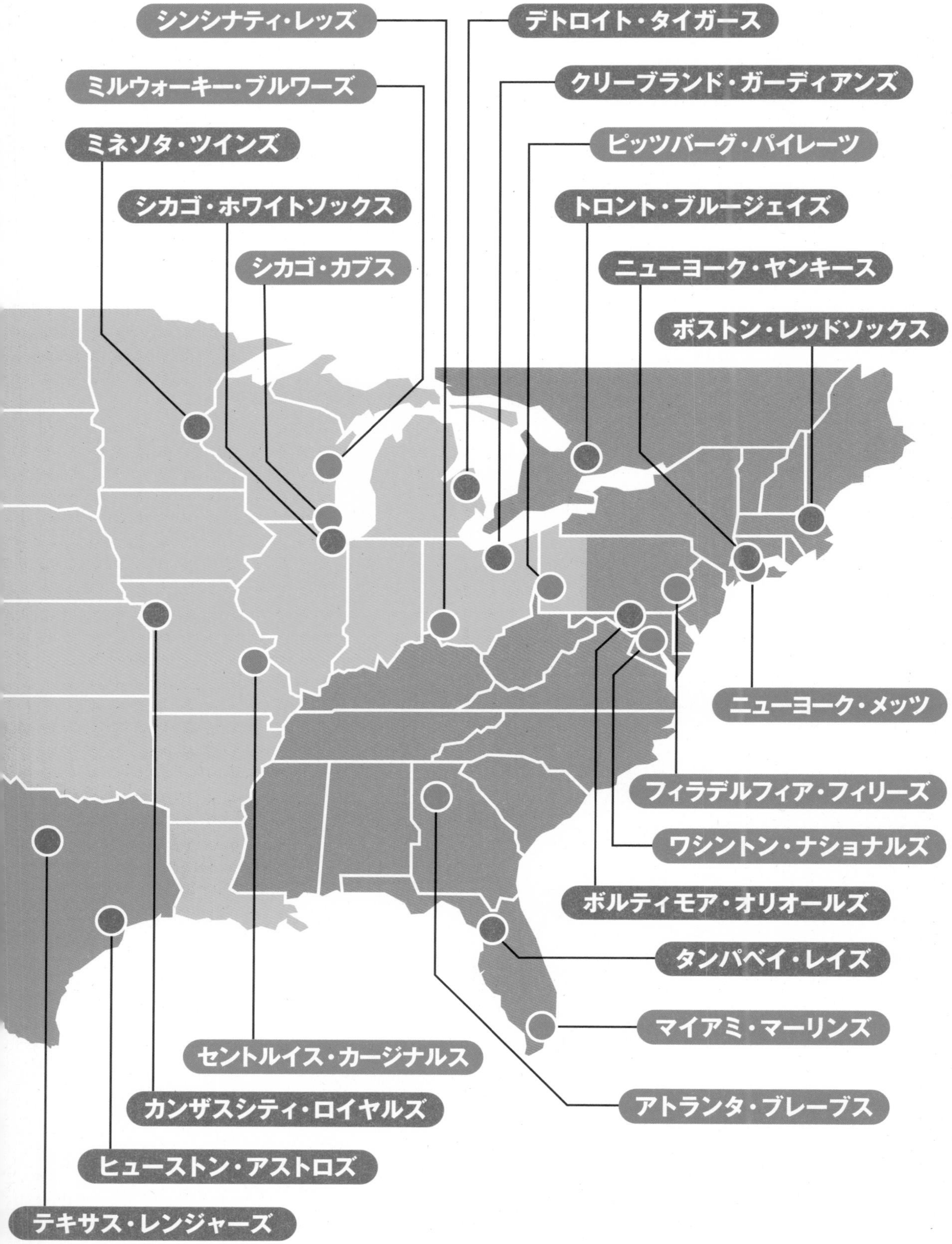
シンシナティ・レッズ
ミルウォーキー・ブルワーズ
ミネソタ・ツインズ
シカゴ・ホワイトソックス
シカゴ・カブス
デトロイト・タイガース
クリーブランド・ガーディアンズ
ピッツバーグ・パイレーツ
トロント・ブルージェイズ
ニューヨーク・ヤンキース
ボストン・レッドソックス
ニューヨーク・メッツ
フィラデルフィア・フィリーズ
ワシントン・ナショナルズ
ボルティモア・オリオールズ
タンパベイ・レイズ
マイアミ・マーリンズ
アトランタ・ブレーブス
セントルイス・カージナルス
カンザスシティ・ロイヤルズ
ヒューストン・アストロズ
テキサス・レンジャーズ

本拠地、優勝回数からオーナー、球団マスコットまで

メジャーリーグ 30球団 完全ガイド

過去5年の優勝チーム	2018年 レッドソックス	2019年 ヤンキース	2020年 レイズ	2021年 レイズ	2022年 ヤンキース

優勝回数	歴史と名選手
地区 9 リーグ 7 ワールドシリーズ 3 ワイルドカード 3	1901年に創設。前身はセントルイス・ブラウンズ。1954年からボルティモアに移転して現名称に。三冠王のフランク・ロビンソン、ゴールドグラブ賞16回のブルックス・ロビンソン三塁手、サイ・ヤング賞のジム・パーマーらを擁し1966年ワールドシリーズで初優勝を果たすなど、1960～70年代にかけて黄金時代を築く。1971、84年に日米野球で来日。カル・リプケンJr.はオリオールズ一筋で歴代1位の2632試合連続出場を達成した「鉄人」。球団マスコットの「オリオール・バード」は1979年4月6日、メモリアル・スタジアムで巨大な卵から孵化して以来、長年活躍したことからマスコット殿堂入り
地区 10 リーグ 14 ワールドシリーズ 9 ワイルドカード 8	1901年、ア・リーグ創設と同時に誕生。当時のチーム名はボストン・ピルグリムスで、1908年から現名称に。サイ・ヤングを擁した1903年、ワールドシリーズ初代王者。1914～19年に二刀流記録、本塁打記録を次々に樹立したベーブ・ルースを1920年にヤンキースへ放出。打撃の神様テッド・ウィリアムズら数々の名選手がプレーした伝統的に打撃のチーム。2004年に84年ぶりのワールドシリーズ制覇で「バンビーノの呪い」を解く。21世紀に入ってMLB最多となる4度ワールドシリーズ制覇。主な日本選手は2001年野茂英雄、2007～12年松坂大輔、2009～16年田澤純一、2013～16年上原浩治ら多数。2023年から吉田正尚が活躍中
地区 20 リーグ 40 ワールドシリーズ 27 ワイルドカード 9	1903年創設の名門球団。ワールドシリーズ(WS)優勝27回など歴代1位の記録多数。1920年代にベーブ・ルースが活躍して第一次黄金期。ルースは1927年に「殺人打線」の中核を担ってMLB記録(当時)のシーズン60本塁打。その後、1934年三冠王のルー・ゲーリック、1941年にMLB記録56試合連続安打のジョー・ディマジオが活躍。1949～53年に名将ケーシー・ステンゲル監督の下、5連覇。冬の時代を経て、オーナーの「ザ・ボス」ことジョージ・スタインブレナー氏の下、FA制度導入による札束構成で名門復活。1977、78年WS連覇。1965年三冠王のミッキー・マントル、「Mr. オクトーバー」レジー・ジャクソン、「Mr.ヤンキース」デレク・ジーターらスター選手多数
地区 4 リーグ 2 ワールドシリーズ 0 ワイルドカード 4	1998年、MLB30球団拡張で誕生。当初の球団名はタンパベイ・デビルレイズ、2008年に現名称に変更。2007年から移籍した岩村明憲が1番打者を務め、2008年地区初優勝、初のリーグ優勝。当時の監督は大谷翔平の二刀流を後押しし、2022年シーズン途中までエンゼルス監督のジョー・マドン氏。MLB最低クラスの年俸総額も、豊富な資金力を持つヤンキース、レッドソックなどに対抗。主な日本選手は2005年野茂英雄、2007～09年岩村明憲、2012年松井秀喜ら。マスコット「レイモンド」は水中で暮らす新発見の犬種「シー・ドッグ」という設定。ほかに猫のDJ、海洋生物のエイがいる
地区 6 リーグ 2 ワールドシリーズ 2 ワイルドカード 3	1977年、ア・リーグ12球団から14球団への拡張で創設。MLBでアメリカ以外に本拠地のある初のワールドシリーズ優勝球団(1992、1993年)。試合前にはアメリカ国歌に加え、カナダ国歌も演奏される。創設から3年連続シーズン100敗も、ドミニカ共和国で有望な人材を発掘、1985年に地区初優勝。1989年に世界初の開閉式ドーム球場「スカイドーム」開設。1993年ワールドシリーズ第6戦でサヨナラ優勝弾のジョー・カーターら名選手を輩出。2021年に大谷と本塁打王争いの末にタイトル獲得のウラジーミル・ゲレーロJr.が今年も所属。主な日本選手は2012年五十嵐亮太、2013～15年川﨑宗則、2017年青木宣親、2022年から菊池雄星

アメリカン・リーグ東地区

球団マスコット	球団名	球団情報
	ボルティモア・ オリオールズ Baltimore Orioles	本拠地 メリーランド州ボルティモア 球場 オリオール・パーク・アット・カムデンヤーズ オーナー ジョン・アンジェロス GM マイク・エライアス 監督 ブランドン・ハイド 球団マスコット オリオール・バード
	ボストン・ レッドソックス Boston Red Sox	本拠地 マサチューセッツ州ボストン 球場 フェンウェイ・パーク オーナー ジョン・ヘンリー CBC(最高編成責任者) ハイム・ブルーム 監督 アレックス・コーラ 球団マスコット ウォーリー・ザ・グリーン・モンスター
	ニューヨーク・ ヤンキース New York Yankees	本拠地 ニューヨーク州 ニューヨーク・ブロンクス 球場 ヤンキー・スタジアム オーナー ハル・スタインブレナー GM ブライアン・キャッシュマン 監督 アーロン・ブーン 球団マスコット ――
	タンパベイ・ レイズ Tampa Bay Rays	本拠地 フロリダ州セントピーターズバーグ 球場 トロピカーナ・フィールド オーナー スチュアート・スターンバーグ GM エリック・ニアンダー 監督 ケビン・キャッシュ 球団マスコット レイモンド
	トロント・ ブルージェイズ Toronto Blue Jays	本拠地 カナダ・オンタリオ州トロント 球場 ロジャーズ・センター オーナー エドワード・ロジャース GM ロス・アトキンス 監督 ジョン・シュナイダー 球団マスコット エース

過去5年の優勝チーム	2018年	2019年	2020年	2021年	2022年
	インディアンス	ツインズ	ツインズ	ホワイトソックス	ガーディアンズ

優勝回数	歴史と名選手
地区 6 リーグ 6 ワールドシリーズ 3 ワイルドカード 1	1901年、ア・リーグ創設と同時に誕生。1906年は貧打線でワールドシリーズを制し「ヒットレス・ワンダーズ(貧打の驚異)」と呼ばれた。1919年、ワールドシリーズ八百長疑惑で8選手追放の「ブラックソックス事件」。1950年代は機動力野球「ゴーゴーソックス」で一世を風靡。しかし、1959年以降はリーグ優勝から遠ざかり、1983、1993、2000年も地区優勝止まり。1990年代は1993年最多勝&サイ・ヤング賞右腕のジャック・マクダウエル、1997年首位打者のフランク・トーマスらが活躍。2005年に88年ぶりワールドシリーズ制覇。球団マスコット「サウスポー」は、左投手の手(ポー)が南(サウス)を向くように球場が位置していることから
地区 11 リーグ 6 ワールドシリーズ 2 ワイルドカード 2	1901年、ア・リーグ創設と同時に誕生。代表的な選手は「火の玉投手」と呼ばれたボブ・フェラー。1948年ワールドシリーズ(WS)初優勝も、米クリーブランドの鉄鋼業が衰退したことも相まって、1954年を最後にWSから遠ざかり、1989年に日本でも大ヒットした映画「メジャーリーグ」のダメチームのモデルになったとされている。しかし、1994年新球場オープンと同時に黄金時代到来。1999年打点王のマニー・ラミレス、5年連続盗塁王のケニー・ロフトンらが活躍。2021年シーズン終了後、1915年以来使用していた球団名「インディアンス」を人種差別の観点から「ガーディアンズ」に変更。北米五大湖の一つ、エリー湖に面した湖畔の街のチーム
地区 7 リーグ 11 ワールドシリーズ 4 ワイルドカード 1	1901年、ア・リーグ創設と同時に誕生。1907年から9年連続を含め首位打者に12度輝き、歴代1位の通算打率3割6分7厘を誇る「球聖」タイ・カッブを筆頭に伝統的に打撃が看板のチーム。1962年に日米野球で来日し、「ミスター・タイガー」アル・ケーラインが7本塁打。1968年、エースのデニー・マクレーンが31勝、アル・ケーライン、ノーム・キャッシュの3、4番コンビで3度目のワールドシリーズ制覇。1984年、開幕から35勝5敗の快進撃で4度目の世界一。近年では、2011年にジャスティン・バーランダーが最多勝、最多奪三振、最優秀防御率の投手三冠。2012年に45年ぶりの三冠王となったミゲル・カブレラが今季限りでの引退を表明している
地区 7 リーグ 4 ワールドシリーズ 2 ワイルドカード 1	1969年、ア・リーグ10球団から12球団への拡張で誕生。初年度から最下位が一度もない、MLBで最も成功した拡張球団の一つ。1976年から10年で6度地区優勝。1980年に初のリーグ優勝、1985年に初のワールドシリーズ制覇。1970〜90年代の3つの年代でア・リーグ首位打者に輝き、通算3000安打を達成したジョージ・ブレット、サイ・ヤング賞2度受賞のブレット・セイバーヘーゲンらが活躍。1990年代後半からは長期低迷も、2015年に30年ぶりのワールドシリーズ制覇。球場は「世界一美しい」との呼び声高く、スコアボードの上部には王冠を模した飾りがほどこされ、外野の噴水は名物
地区 12 リーグ 6 ワールドシリーズ 3 ワイルドカード 1	1901年、ワシントン・セネタースとして創設。1904年には球団ワーストの38勝113敗を喫するなど低迷。1924年ワールドシリーズ(WS)初制覇。1961年にミネソタ移転で現名称に。1965年にリーグ優勝を果たし、ア・リーグMVPにゾイロ・ベルサイエス(元広島)。1970年代には在籍中に首位打者7度のロッド・カルーらが活躍。1987年、本拠地メトロドームでの2度目のWS優勝は、ホームゲームで全勝した「ホーム・スイート・ドーム」。1991年WSは史上初の前年最下位対決でブレーブスを破り、3度目のWS制覇。2001年オフに経営難で球団削減の対象となったが地元ファンの熱意で存続。2023年5月、前田健太はミネソタにオープンした「くら寿司」で舌鼓

アメリカン・リーグ中地区

球団マスコット	球団名	球団情報
	シカゴ・ ホワイトソックス Chicago White Sox	本拠地 イリノイ州シカゴ 球場 ギャランティード・ライト・フィールド オーナー ジェリー・レインズドルフ GM リック・ハーン 監督 ペドロ・グリフォル 球団マスコット サウスポー
	クリーブランド・ ガーディアンズ Cleveland Guardians	本拠地 オハイオ州クリーブランド 球場 プログレッシブ・フィールド オーナー ラリー・ドーラン 編成部門責任者 クリス・アントネッティ 監督 テリー・フランコーナ 球団マスコット スライダー
	デトロイト・ タイガース Detroit Tigers	本拠地 ミシガン州デトロイト 球場 コメリカ・パーク オーナー クリス・イリッチ GM スコット・ハリス 監督 AJ・ヒンチ 球団マスコット ポーズ
	カンザスシティ・ ロイヤルズ Kansas City Royals	本拠地 ミズーリ州カンザスシティ 球場 カウフマン・スタジアム オーナー ジョン・シャーマン GM JJ・ピッコロ 監督 マット・クアトラーロ 球団マスコット スラッガー
	ミネソタ・ ツインズ Minnesota Twins	本拠地 ミネソタ州ミネアポリス 球場 ターゲット・フィールド オーナー ジム・ポーラッド 編成本部長 デレク・ファブリー 監督 ロッコ・バルデリ 球団マスコット T. C. ベアー

過去5年の優勝チーム	2018年	2019年	2020年	2021年	2022年
	アストロズ	アストロズ	アスレティックス	アストロズ	アストロズ

優勝回数	歴史と名選手
地区 12 リーグ 5 ワールドシリーズ 2 ワイルドカード 4	1962年、ナ・リーグの拡張球団「ヒューストン・コルト45s」として誕生し、1965年に現球団名に。同年、世界初の屋根付き球場「アストロ・ドーム」がオープン。1980年FAでノーラン・ライアンを獲得し初の地区優勝。1990年代から、クレイグ・ビジオ、ジェフ・バグウェルの強打コンビ、通称「キラービーズ」を中心にチームは強くなり、2005年に初のリーグ優勝。2013年からア・リーグへ移り、2017年に球団初のワールドシリーズ制覇。その後「サイン盗み事件」で大きな汚点を残すも、2022年に2度目のワールドシリーズ制覇。直近6年間で5度の地区優勝、6年連続プレーオフ進出と黄金時代を築いている。球団マスコットは宇宙人
地区 9 リーグ 1 ワールドシリーズ 1 ワイルドカード 1	1961年のエクスパンションで「ロサンゼルス・エンゼルス」として誕生。1966年から「カリフォルニア・エンゼルス」、ウォルト・ディズニー社がオーナーとなった1997年「アナハイム・エンゼルス」、2005年「ロサンゼルス・エンゼルス・オブ・アナハイム」、2016年現名称に。1962～65年、ドジャースの本拠地球場を間借り。1979年、「YES,WE CAN」をスローガンに球団初の地区優勝。1970年代には、のちに通算奪三振歴代1位となるノーラン・ライアンがメッツから移籍し、1973年奪三振王。生涯7度のノーヒットノーランのうち、4度をエンゼルスで達成。2002年ワイルドカードから球団初のワールドシリーズ制覇。2004年は18年ぶりに地区優勝も、プレーオフは2014年が最後
地区 17 リーグ 15 ワールドシリーズ 9 ワイルドカード 4	1901年、フィラデルフィアで創設。1955年にカンザスシティー、1968年からオークランドに移転。2度の本拠地移転で大陸横断。2025年にネバダ州ラスベガスへの本拠地移転が合意されている。初代オーナーのコニー・マックは半世紀にわたって監督を兼任し、スーツ姿で指揮。1972～74年、選手全員が口ひげをたくわえた「マスターシュ・ギャング」でワールドシリーズ3連覇。1988年にホセ・カンセコ、マーク・マグワイアの「バッシュブラザーズ」を擁して3年連続リーグV。データ分析でチームを強豪に押し上げたビリー・ビーンGMを描いた書籍『マネー・ボール』で一世を風靡
地区 3 リーグ 0 ワールドシリーズ 0 ワイルドカード 2	1977年の創設以来14年連続負け越しも、95年地区初優勝。1999年7月に新球場オープン。1989年に球団史上最大のスター、ケン・グリフィーJr.がデビュー。1990年に父シニアの加入でMLB史上初の親子同一球団選手に。2001年、シーズンMLBタイ記録の116勝。左腕ランディ・ジョンソン、ケン・グリフィーJr.、アレックス・ロドリゲスらスターを続々と発掘するなか、MLB史上初の日本人野手として2011年にイチローがデビューし、首位打者と盗塁王でアジア人史上初のシーズンMVP。MLB30球団で唯一ワールドシリーズ進出なし。初代オーナーは喜劇役者のダニー・ケイ。1992年任天堂が買収し、本拠地移転を阻止。ほかに主な日本選手は2000～03年佐々木主浩
地区 7 リーグ 2 ワールドシリーズ 0 ワイルドカード 1	1961年、第2次ワシントン・セネタースとして創設。1972年、テキサス移転で現名称。1989年、第43代大統領のジョージ・W・ブッシュが共同オーナーに。新球場「ザ・ボールパーク・イン・アーリントン」1年目の1994年、ケニー・ロジャースが完全試合を達成するなど躍進し、球団初の地区1位。しかしストライキでシーズンが打ち切られ、プレーオフ初進出を逃す。1990年代後半にはイバン・ロドリゲス、フアン・ゴンザレスら強力打線で強豪チームに。2010、11年は2年連続リーグ優勝。史上最高の速球投手で地元テキサス州出身のノーラン・ライアン氏が2013年までCEOを務めていた。ダルビッシュ有は日本ハムから2012年に移籍。1985～92年はボビー・バレンタイン監督

アメリカン・リーグ西地区

球団マスコット	球団名	球団情報
	ヒューストン・アストロズ Houston Astros	本拠地 テキサス州ヒューストン 球場 ミニッツメイド・パーク オーナー ジム・クレイン GM デーナ・ブラウン 監督 ダスティ・ベイカー 球団マスコット オービット
	ロサンゼルス・エンゼルス Los Angeles Angels	本拠地 カリフォルニア州アナハイム 球場 エンゼル・スタジアム オーナー アート・モレノほか GM ペリー・ミナシアン 監督 フィル・ネビン 球団マスコット ラリー・モンキー（非公式）
	オークランド・アスレチックス Oakland Athletics	本拠地 カリフォルニア州オークランド 球場 オークランド・アラメダ・カウンティコロシアム オーナー ジョン・フィッシャー GM デビッド・フォースト 監督 マーク・コッツェイ 球団マスコット ストンパー
	シアトル・マリナーズ Seattle Mariners	本拠地 ワシントン州シアトル 球場 Tーモバイル・パーク オーナー ジョン・スタントン GM ジェリー・ディポート 監督 スコット・サービス 球団マスコット マリナー・ムース
	テキサス・レンジャーズ Texas Rangers	本拠地 テキサス州アーリントン 球場 グローブライフ・フィールド オーナー レイ・デービス ほか GM クリス・ヤング 監督 ブルース・ボウチー 球団マスコット レンジャーズ・キャプテン

過去5年の優勝チーム	2018年	2019年	2020年	2021年	2022年
	ブレーブス	ブレーブス	ブレーブス	ブレーブス	ブレーブス

優勝回数	歴史と名選手
地区 22 リーグ 18 ワールドシリーズ 4 ワイルドカード 2	1876年、ナ・リーグ創設と同時に加盟。当時の本拠地はボストン。1914年は米独立記念日(7月4日)の時点で首位と15ゲーム差からのリーグ優勝。ワールドシリーズ(WS)でもアスレチックスに4連勝し、「ミラクル・ブレーブス」と呼ばれた。1953年ミルウォーキー、1966年南アトランタに本拠地移転。フランチャイズ移動のパイオニア的存在だった。1974年、ハンク・アーロンがベーブ・ルース超えの通算715本塁打。1977年にケーブルテレビの帝王テッド・ターナーが球団を買収。全米50州のほか中南米にまでテレビ中継し、「アメリカズチーム」と銘打った。1991年から米プロスポーツ史上最多の14年連続地区優勝。1995年、南部に初となるWSの栄冠をもたらした
地区 0 リーグ 2 ワールドシリーズ 2 ワイルドカード 3	1993年、ナ・リーグが12球団から14球団へ拡張した際にフロリダ・マーリンズとして誕生。元西武のデストラーデが初代4番を務めた。1997年、ワイルドカードから勝ち進み、当時MLB史上最速の創設5年目で世界一。2003年もワイルドカードで2度目の世界一。2012年、マイアミ市内に新球場オープンと同時にマイアミ・マーリンズに改称。2015年、球団史上初の日本人選手としてイチローが入団。2020年、米プロスポーツ史上初の女性GMとしてアジア系米国人のキム・アング氏が就任。2021年にはケイティー・グリッグス氏、2022年秋にはキャロライン・オコナー氏を球団社長に起用。MLB30球団のなかで本拠地は最南端に位置する
地区 6 リーグ 5 ワールドシリーズ 2 ワイルドカード 4	1962年、ナ・リーグが8球団から10球団に拡張した際に誕生。元ヤンキースの名将ケーシー・ステンゲルを初代監督に迎えたが、1年目は40勝120敗で最下位。MLB史上最も弱いチームと言われたが1969年、エースのトム・シーバーを中心に驚異の快進撃で奇跡のワールドシリーズ(WS)初制覇。「ミラクル・メッツ」と呼ばれた。1986年にはデーブ・ジョンソン監督(元巨人)のもと、「ドクターK」ドワイト・グッデンらの活躍で2度目のWS制覇。2000年にはボビー・バレンタイン監督(元ロッテ監督)の下、リーグ優勝。WSでヤンキースとの同都市対決「サブウェイ・シリーズ」が実現。2011年はテリー・コリンズ監督(元オリックス)のもとでリーグ優勝
地区 11 リーグ 8 ワールドシリーズ 2 ワイルドカード 1	1883年、ナ・リーグに加盟。1915、50年に2度リーグ優勝しただけだったが、1964年の「フィリーズの悲劇」などを経て、1970年代に入るとサイ・ヤング賞4度受賞のエース左腕スティーブ・カールトン、8度の本塁打王などシーズンMVP3度受賞の4番マイク・シュミットらの活躍で、1976年から3年連続地区優勝。1980年に初のワールドシリーズ(WS)制覇。2008年、2度目のWS制覇。1978年に球団マスコット「フィリー・ファナティック」が登場。翌1979年には日米野球で来日するなど日本で最も人気の高いMLBマスコットに。子ども向けの長寿番組「セサミ・ストリート」の着ぐるみを制作しているデザイン会社が担当しており、広島の「スラィリー」も手掛けた
地区 5 リーグ 1 ワールドシリーズ 1 ワイルドカード 1	1969年、MLB史上初の国際球団としてモントリオール・エクスポズが誕生。1980年代にゲーリー・カーター、アンドレ・ドーソンの活躍で躍進。1991年にデニス・マルティネスがMLB史上13人目の完全試合を達成。1994年には首位独走もストライキによりシーズン打ち切り。1999年には新オーナーが就任したが、フランス語をはじめさまざまな言語の人々が住む地域性とマッチできない運営に苦しみ、2002年開幕前にオーナー不在となって一時MLB機構が運営。2005年にワシントンへ本拠地を移し、34年ぶりに米国の首都にMLB球団が誕生した。2019年、球団創設51年目にして初のワールドシリーズ制覇

ナショナル・リーグ東地区

球団マスコット	球団名	球団情報
	アトランタ・ブレーブス Atlanta Braves	本拠地 ジョージア州アトランタ 球場 トゥルイスト・パーク オーナー テリー・マクガーク GM デイナ・ブラウン 監督 ブライアン・スニッカー 球団マスコット ブルーパー
	マイアミ・マーリンズ Miami Marlins	本拠地 フロリダ州マイアミ 球場 ローンデポ・パーク オーナー ブルース・シャーマン GM キム・アング 監督 スキップ・シューメーカー 球団マスコット ビリー・ザ・マーリン
	ニューヨーク・メッツ New York Mets	本拠地 ニューヨーク州 ニューヨーク・クイーンズ 球場 シティ・フィールド オーナー スティーブ・コーエン GM ビリー・エプラー 監督 バック・ショーウォルター 球団マスコット ミスター・メッツ
	フィラデルフィア・フィリーズ Philadelphia Phillies	本拠地 ペンシルベニア州フィラデルフィア 球場 シチズンズ・バンク・パーク オーナー ジョン・ミドルトン GM デーブ・ドンブロウスキー 監督 ロブ・トムソン 球団マスコット フィリー・ファナティック
	ワシントン・ナショナルズ Washington Nationals	本拠地 ワシントンD.C. 球場 ナショナルズ・パーク オーナー マーク・ラーナー GM マイク・リゾ 監督 デーブ・マルティネス 球団マスコット スクリーチ

過去5年の優勝チーム	2018年	2019年	2020年	2021年	2022年
	ブルワーズ	カージナルス	カブス	ブルワーズ	カージナルス

優勝回数	歴史と名選手
地区 8 リーグ 17 ワールドシリーズ 3 ワイルドカード 3	1876年、ナ・リーグ創設と同時に加盟。1900年代はじめに黄金時代を築き、1926年、ハック・ウィルソンが現在もMLB記録のシーズン191打点。1966年にMLB記録の116勝。1907、08年に2年連続ワールドシリーズ制覇。しかし、その後はワールドシリーズ優勝から遠ざかり、1945年を最後にリーグ優勝からも遠ざかった。71年間ワールドシリーズから遠ざかった低迷期は「ヤギの呪い」と呼ばれ、2016年にワールドシリーズを108年ぶりに制し、この呪いは解かれたことになっている。シーズンMVP2度のアーニー・バンクス、1971年サイ・ヤング賞のファーガソン・ジェンキンスら名選手を輩出した。球場の外野フェンスにはツタが生い茂る
地区 10 リーグ 9 ワールドシリーズ 5 ワイルドカード 2	1869年、米国初のプロ野球チーム「シンシナティ・レッドストッキングス」の流れをくむ老舗球団。1890年、ナ・リーグ加盟。1919年ワールドシリーズ初制覇。1935年、観客動員増加策の一手としてMLB史上初のナイターを開催した。1970年代に黄金期を迎え、名将スパーキー・アンダーソン監督の下、ピート・ローズ、ジョニー・ベンチ、ジョー・モーガンらによる強力打線「ビッグレッド・マシン」で旋風。1975～76年ワールドシリーズ連覇。1990年を最後にワールドシリーズから遠ざる。2010年、左腕アロルディス・チャプマンが105.1マイル(169.1キロ)のMLB史上最速記録をマーク。球場はオハイオ川のほとりに位置する
地区 5 リーグ 1 ワールドシリーズ 0 ワイルドカード 3	1969年、シアトル・パイロッツとして創設。翌1970年にミルウォーキーへ移転。ビールの街にちなみ、球団名を「ブルワーズ(ビール醸造者)」に。1970～80年代、オグリビー(元近鉄)、ポンセ(元大洋)らが日本球界へ。1985年には江夏豊がブルワーズでMLB挑戦。1982年、看板スターのロビン・ヨーント、1番打者ポール・モリターらの活躍で初のリーグ優勝。1987年、MLBタイ記録の開幕13連勝など「ブルークルー(ビール軍団)旋風」。1998年の球団数拡張に伴い、ア・リーグからナ・リーグ中地区へ。球団マスコットは選手が本塁打を打ったり、チームが勝利を収めたりすると、巨大滑り台から登場。ソーセージの着ぐるみ競走「ソーセージレース」も名物
地区 9 リーグ 9 ワールドシリーズ 5 ワイルドカード 3	1887年、ナ・リーグに加盟。1903年の第1回ワールドシリーズに出場し、ボストン・ピルグリムス(現ボストン・レッドソックス)に敗れている。1909年のワールドシリーズはホーナス・ワグナーらの活躍で初制覇するなど創成期の強豪チーム。1960年ワールドシリーズでは第7戦でビル・マゼロスキーが劇的サヨナラ弾。1970年代に黄金時代を迎え、1979年に歌手グループ「シスター・スレッジ」の名曲「ウイ・アー・ファミリー」をスローガンに、主砲ウイリー・スタージェルを中心にチーム一丸となってワールドシリーズ制覇。球団マスコットはオウム。1980年代中盤まで、野球黎明期に使用されていた円筒形の帽子「ピルボックス・キャップ」が定番だった
地区 15 リーグ 19 ワールドシリーズ 11 ワイルドカード 5	1892年ナ・リーグ加盟。2度の三冠王に輝き、現在もMLBシーズン記録の打率4割2分4厘を誇るロジャース・ホーンスビーらが活躍。1926年、そのロジャース・ホーンスビー監督の下、当時「殺人打線」と呼ばれた強力打線を誇るヤンキースを破ってワールドシリーズ初制覇。1920～30年代にはユニホームを泥だらけにして暴れ回ることから、「ガスハウスギャング」の異名をとった。その後も球団史上最大のスター、「ザ・マン」の愛称で親しまれるスタン・ミュージアルらを擁し、ナ・リーグ最多11度のワールドシリーズ制覇。1958、59年と日米野球で2度来日。2023年WBC日本代表で活躍したラーズ・ヌートバーが2021年から所属

ナショナル・リーグ中地区

球団マスコット	球団名	球団情報
	シカゴ・カブス Chicago Cubs	本拠地 イリノイ州シカゴ 球場 リグレー・フィールド オーナー トム・リケッツ 球団編成本部長 ジェド・ホイヤー 監督 デービッド・ロス 球団マスコット クラーク・ザ・カブス
	シンシナティ・レッズ Cincinnati Reds	本拠地 オハイオ州シンシナティ 球場 グレート・アメリカン・ボールパーク オーナー ボブ・カステリーニ GM ニック・クラール 監督 デビッド・ベル 球団マスコット ミスター・レッズ
	ミルウォーキー・ブルワーズ Milwaukee Brewers	本拠地 ウィスコンシン州ミルウォーキー 球場 アメリカンファミリー・フィールド オーナー マーク・アタナシオ GM マット・アーノルド 監督 クレイグ・カウンセル 球団マスコット バーニー・ブルワー
	ピッツバーグ・パイレーツ Pittsburgh Pirates	本拠地 ペンシルベニア州ピッツバーグ 球場 PNCパーク オーナー ボブ・ナッティング GM ベン・チェリントン 監督 デレック・シェルトン 球団マスコット パイレーツ・パロット
	セントルイス・カージナルス St. Louis Cardinals	本拠地 ミズーリ州セントルイス 球場 ブッシュ・スタジアム オーナー ビル・デウィットJr. 球団編成本部長 ジョン・モゼリアク 監督 オリバー・マーモル 球団マスコット フレッドバード

過去5年の優勝チーム	2018年	2019年	2020年	2021年	2022年
	ドジャース	ドジャース	ドジャース	ジャイアンツ	ドジャース

優勝回数	歴史と名選手
地区 5 リーグ 1 ワールドシリーズ 1 ワイルドカード 1	1998年、MLB28球団から30球団への拡張の際に誕生。翌1999年には球団創設2年目で100勝を挙げ、早くも地区優勝。奪三振、投球回、完投数でリーグトップのランディ・ジョンソンが2度目のサイ・ヤング賞を受賞し、球団初の個人タイトルを獲得。2001年にはMLB史上最速となる球団創設4年目でワールドシリーズ初制覇。ジョンソン、そしてカート・シリングの両投手が大車輪の活躍で、3年連続世界一のヤンキースを破って王座に。同シリーズでは2人がともにMVPに輝いた。球団マスコットのモチーフはネコ科の動物。右中間の外野席にはプールがあり、泳ぎながら観戦できるというふれこみで名物となっている
地区 0 リーグ 1 ワールドシリーズ 0 ワイルドカード 5	1993年、ロッキー山脈の玄関口であるコロラド州デンバーに初のMLB球団として誕生。当時の本拠地マイル・ハイ・スタジアムは史上最多の約448万人を動員。同年はベネズエラ出身のアンドレス・ガララーガが打点王。1995年、新球場クアーズ・フィールド開場。その1年目に、ワイルドカードで球団創設から当時史上最速でプレーオフ初進出。標高が高い位置にあり、通称「打者天国」と呼ばれる本拠地球場の恩恵を受け、「ブレークストリート・ボンバーズ」と呼ばれる超強力打線が誕生。2007年には首位打者＆打点王となったマット・ホリデー、松井稼頭央らの活躍もあり、シーズン終盤の怒とうの快進撃で初のリーグ優勝。球団マスコットのモチーフは恐竜
地区 20 リーグ 24 ワールドシリーズ 7 ワイルドカード 3	1890年、ナ・リーグ加盟。当時の本拠地はニューヨーク・ブルックリン。20世紀前半は名門ジャイアンツの陰に隠れて目立たない存在だったが、戦後1947年にアフリカ系米国人として初のメジャーリーガー、ジャッキー・ロビンソンがデビュー。その背番号「42」はMLB全球団で永久欠番。1955年「サブウェイシリーズ」で宿敵ヤンキースを破り、悲願のワールドシリーズ(WS)初制覇。1958年、大陸を横断して西海岸ロサンゼルスに本拠地移転。1960年代に機動力野球「ゴーゴーベースボール」で黄金時代を築く。1995年に日本人メジャーリーガーのパイオニア、野茂英雄がデビュー。2013年から8年連続地区優勝し、2020年に7度目のWS制覇。球団の正式なマスコットはいない
地区 5 リーグ 2 ワールドシリーズ 0 ワイルドカード 2	1969年、ナ・リーグ10球団から12球団に拡張した際に誕生。チーム名の由来は、スペイン語で神父を意味する「パードレ(padre)」。本拠地サンディエゴがスペイン系のセラ神父によって開拓されたことにちなんだもの。球団創設1年目から6年連続最下位。1974年に世界最大のハンバーガーチェーン「マクドナルド」の総帥レイ・クロックが球団買収。前年ドラフト1巡目指名のデーブ・ウインフィールドらが活躍し躍進。1984年にトニー・グウィンらを擁し、初のリーグ優勝。1992年に2度目のリーグ優勝を果たすが、いずれもワールドシリーズ敗退。近年はマニー・マチャド、ダルビッシュ有、フアン・ソトら積極補強をし、2020、22年とプレーオフ進出
地区 9 リーグ 23 ワールドシリーズ 8 ワイルドカード 3	1883年、ナ・リーグ加盟。ニューヨークを本拠地とした名門チームで、1902年から名将ジョン・マグロー監督の下で黄金時代を築き、その後も史上最高の万能外野手、ウィリー・メイズら多くの大スターを輩出。1958年、ドジャースとともに大陸横断し、西海岸サンフランシスコへ本拠地移転。1964年に日本人メジャーリーガー第1号、村上雅則がデビュー。1970年代以降は人気と実力が低迷したが、2001年に新球場移転後、バリー・ボンズの本塁打記録などで人気復活。2010、12、14年とワールドシリーズ制覇。球場の右翼裏はサンフランシスコ湾で、海に飛び込む場外本塁打は「スプラッシュ・ホームラン」と呼ばれる

ナショナル・リーグ西地区

球団マスコット	球団名	球団情報
	**アリゾナ・ダイヤモンドバックス** Arizona Diamondbacks	本拠地 アリゾナ州フェニックス 球場 チェイス・フィールド オーナー ケン・ケンドリック GM マイク・ヘイゼン 監督 トーリ・ロブロ 球団マスコット D・バクスター・ザ・ボブキャット
	**コロラド・ロッキーズ** Colorado Rockies	本拠地 コロラド州デンバー 球場 クアーズ・フィールド オーナー リチャード・モンフォート GM ビル・シュミット 監督 バド・ブラック 球団マスコット ディンガー
	**ロサンゼルス・ドジャース** Los Angeles Dodgers	本拠地 カリフォルニア州ロサンゼルス 球場 ドジャー・スタジアム オーナー マーク・ウォルター 編成本部長 アンドリュー・フリードマン 監督 デーブ・ロバーツ 球団マスコット ——
	**サンディエゴ・パドレス** San Diego Padres	本拠地 カリフォルニア州サンディエゴ 球場 ペトコ・パーク オーナー ピーター・サイドラー GM A.J.プレラー 監督 ボブ・メルビン 球団マスコット スウィンギング・フライヤー
	**サンフランシスコ・ジャイアンツ** San Francisco Giants	本拠地 カリフォルニア州サンフランシスコ 球場 オラクル・パーク オーナー ローレンス・ベアー 球団編成本部長 ファーハン・ザイディ 監督 ゲーブ・キャプラー 球団マスコット ルー・シール

2023年プレーオフ

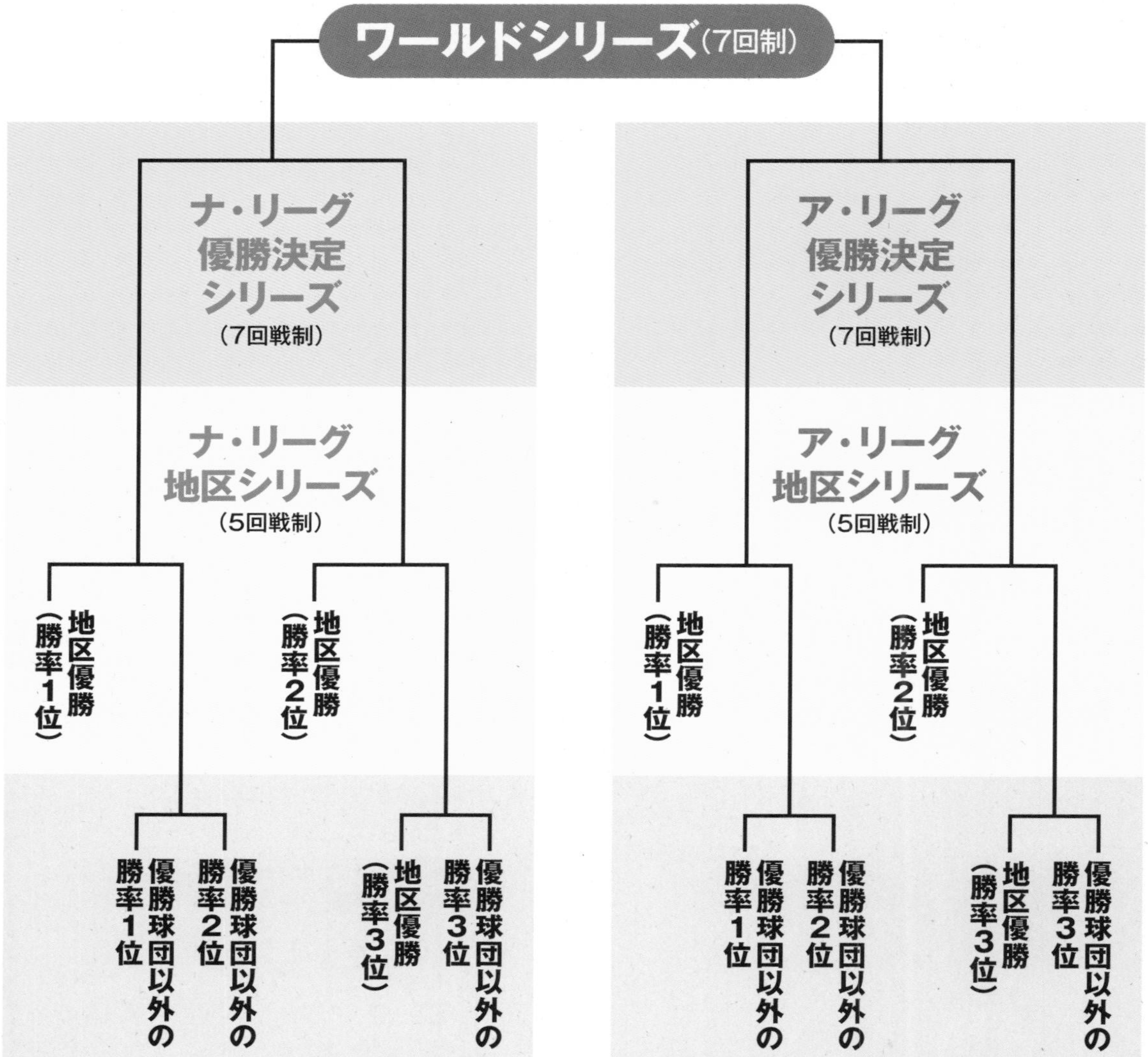

２０２２年から、ＭＬＢのポストシーズン出場枠が10球団から12球団に拡張された。ワイルドカードが各リーグ1枠増えたもので、これによりアメリカン・リーグ、ナショナル・リーグから各6球団が出場でき、各リーグの地区優勝3チームのほか、ワイルドカードも各リーグ3チームが出場する。

プレーオフのトーナメント〝1回戦〟は、ワイルドカードの3チームに地区優勝の勝率3位チームを加えた「ワイルドカードシリーズ」を3回戦制で実施。その勝者が地区優勝の勝率1、2位と対戦する「リーグ地区シリーズ」を5回戦制、そして勝者が「リーグ優勝決定シリーズ」を7回戦制で戦う。それぞれのリーグのプレーオフを勝ち上がった2チームが、ＭＬＢトップの座をかけて「ワールドシリーズ」7回戦制で激突する。

過去のワールドシリーズ

	優勝チーム	優勝回数	成績	敗戦チーム
1903	ボストン・ピルグリムス	初	5勝3敗	ピッツバーグ・パイレーツ
1904	開催されず			
1905	ニューヨーク・ジャイアンツ	初	4勝1敗	フィラデルフィア・アスレチックス
1906	シカゴ・ホワイトソックス	初	4勝2敗	シカゴ・カブス
1907	シカゴ・カブス	初	4勝無敗1分	デトロイト・タイガース
1908	シカゴ・カブス	2	4勝1敗	デトロイト・タイガース
1909	ピッツバーグ・パイレーツ	初	4勝3敗	デトロイト・タイガース
1910	フィラデルフィア・アスレチックス	初	4勝1敗	シカゴ・カブス
1911	フィラデルフィア・アスレチックス	2	4勝2敗	ニューヨーク・ジャイアンツ
1912	ボストン・レッドソックス	2	4勝3敗1分	ニューヨーク・ジャイアンツ
1913	フィラデルフィア・アスレチックス	3	4勝1敗	ニューヨーク・ジャイアンツ
1914	ボストン・ブレーブス	初	4勝無敗	フィラデルフィア・アスレチックス
1915	ボストン・レッドソックス	3	4勝1敗	フィラデルフィア・フィリーズ
1916	ボストン・レッドソックス	4	4勝1敗	ブルックリン・ドジャース
1917	シカゴ・ホワイトソックス	2	4勝2敗	ニューヨーク・ジャイアンツ
1918	ボストン・レッドソックス	5	4勝2敗	シカゴ・カブス
1919	シンシナティ・レッズ	初	5勝3敗	シカゴ・ホワイトソックス
1920	クリーブランド・インディアンス	初	5勝2敗	ブルックリン・ドジャース
1921	ニューヨーク・ジャイアンツ	2	5勝3敗	ニューヨーク・ヤンキース
1922	ニューヨーク・ジャイアンツ	3	4勝無敗1分	ニューヨーク・ヤンキース
1923	ニューヨーク・ヤンキース	初	4勝2敗	ニューヨーク・ジャイアンツ
1924	ワシントン・セネタース	初	4勝3敗	ニューヨーク・ジャイアンツ
1925	ピッツバーグ・パイレーツ	2	4勝3敗	ワシントン・セネタース
1926	セントルイス・カージナルス	初	4勝3敗	ニューヨーク・ヤンキース
1927	ニューヨーク・ヤンキース	2	4勝無敗	ピッツバーグ・パイレーツ
1928	ニューヨーク・ヤンキース	3	4勝無敗	セントルイス・カージナルス
1929	フィラデルフィア・アスレチックス	4	4勝1敗	シカゴ・カブス
1930	フィラデルフィア・アスレチックス	5	4勝2敗	セントルイス・カージナルス
1931	セントルイス・カージナルス	2	4勝3敗	フィラデルフィア・アスレチックス
1932	ニューヨーク・ヤンキース	4	4勝無敗	シカゴ・カブス
1933	ニューヨーク・ジャイアンツ	4	4勝1敗	ワシントン・セネタース
1934	セントルイス・カージナルス	3	4勝3敗	デトロイト・タイガース
1935	デトロイト・タイガース	初	4勝2敗	シカゴ・カブス
1936	ニューヨーク・ヤンキース	5	4勝2敗	ニューヨーク・ジャイアンツ
1937	ニューヨーク・ヤンキース	6	4勝1敗	ニューヨーク・ジャイアンツ
1938	ニューヨーク・ヤンキース	7	4勝無敗	シカゴ・カブス
1939	ニューヨーク・ヤンキース	8	4勝無敗	シンシナティ・レッズ
1940	シンシナティ・レッズ	2	4勝3敗	デトロイト・タイガース
1941	ニューヨーク・ヤンキース	9	4勝1敗	ブルックリン・ドジャース
1942	セントルイス・カージナルス	4	4勝1敗	ニューヨーク・ヤンキース
1943	ニューヨーク・ヤンキース	10	4勝1敗	セントルイス・カージナルス
1944	セントルイス・カージナルス	5	4勝2敗	セントルイス・ブラウンズ
1945	デトロイト・タイガース	2	4勝3敗	シカゴ・カブス
1946	セントルイス・カージナルス	6	4勝3敗	ボストン・レッドソックス
1947	ニューヨーク・ヤンキース	11	4勝3敗	ブルックリン・ドジャース
1948	クリーブランド・インディアンス	2	4勝2敗	ボストン・ブレーブス
1949	ニューヨーク・ヤンキース	12	4勝1敗	ブルックリン・ドジャース
1950	ニューヨーク・ヤンキース	13	4勝無敗	フィラデルフィア・フィリーズ
1951	ニューヨーク・ヤンキース	14	4勝2敗	ニューヨーク・ジャイアンツ
1952	ニューヨーク・ヤンキース	15	4勝3敗	ブルックリン・ドジャース
1953	ニューヨーク・ヤンキース	16	4勝2敗	ブルックリン・ドジャース
1954	ニューヨーク・ジャイアンツ	5	4勝無敗	クリーブランド・インディアンス
1955	ブルックリン・ドジャース	初	4勝3敗	ニューヨーク・ヤンキース
1956	ニューヨーク・ヤンキース	17	4勝3敗	ブルックリン・ドジャース
1957	ミルウォーキー・ブレーブス	2	4勝3敗	ニューヨーク・ヤンキース
1958	ニューヨーク・ヤンキース	18	4勝3敗	ミルウォーキー・ブレーブス
1959	ロサンゼルス・ドジャース	2	4勝2敗	シカゴ・ホワイトソックス
1960	ピッツバーグ・パイレーツ	3	4勝3敗	ニューヨーク・ヤンキース
1961	ニューヨーク・ヤンキース	19	4勝1敗	シンシナティ・レッズ
1962	ニューヨーク・ヤンキース	20	4勝3敗	サンフランシスコ・ジャイアンツ

	優勝チーム	優勝回数	成績	敗戦チーム
1963	ロサンゼルス・ドジャース	3	4勝無敗	ニューヨーク・ヤンキース
1964	セントルイス・カージナルス	7	4勝3敗	ニューヨーク・ヤンキース
1965	ロサンゼルス・ドジャース	4	4勝3敗	ミネソタ・ツインズ
1966	ボルティモア・オリオールズ	初	4勝無敗	ロサンゼルス・ドジャース
1967	セントルイス・カージナルス	8	4勝3敗	ボストン・レッドソックス
1968	デトロイト・タイガース	3	4勝3敗	セントルイス・カージナルス
1969	ニューヨーク・メッツ	初	4勝1敗	ボルティモア・オリオールズ
1970	ボルティモア・オリオールズ	2	4勝1敗	シンシナティ・レッズ
1971	ピッツバーグ・パイレーツ	4	4勝3敗	ボルティモア・オリオールズ
1972	オークランド・アスレチックス	6	4勝3敗	シンシナティ・レッズ
1973	オークランド・アスレチックス	7	4勝3敗	ニューヨーク・メッツ
1974	オークランド・アスレチックス	8	4勝1敗	ロサンゼルス・ドジャース
1975	シンシナティ・レッズ	3	4勝3敗	ボストン・レッドソックス
1976	シンシナティ・レッズ	4	4勝無敗	ニューヨーク・ヤンキース
1977	ニューヨーク・ヤンキース	21	4勝2敗	ロサンゼルス・ドジャース
1978	ニューヨーク・ヤンキース	22	4勝2敗	ロサンゼルス・ドジャース
1979	ピッツバーグ・パイレーツ	5	4勝3敗	ボルティモア・オリオールズ
1980	フィラデルフィア・フィリーズ	初	4勝2敗	カンザスシティー・ロイヤルズ
1981	ロサンゼルス・ドジャース	5	4勝2敗	ニューヨーク・ヤンキース
1982	セントルイス・カージナルス	9	4勝3敗	ミルウォーキー・ブルワーズ
1983	ボルティモア・オリオールズ	3	4勝1敗	フィラデルフィア・フィリーズ
1984	デトロイト・タイガース	4	4勝1敗	サンディエゴ・パドレス
1985	カンザスシティ・ロイヤルズ	初	4勝3敗	セントルイス・カージナルス
1986	ニューヨーク・メッツ	2	4勝3敗	ボストン・レッドソックス
1987	ミネソタ・ツインズ	2	4勝3敗	セントルイス・カージナルス
1988	ロサンゼルス・ドジャース	6	4勝1敗	オークランド・アスレチックス
1989	オークランド・アスレチックス	9	4勝無敗	サンフランシスコ・ジャイアンツ
1990	シンシナティ・レッズ	5	4勝無敗	オークランド・アスレチックス
1991	ミネソタ・ツインズ	3	4勝3敗	アトランタ・ブレーブス
1992	トロント・ブルージェイズ	初	4勝2敗	アトランタ・ブレーブス
1993	トロント・ブルージェイズ	2	4勝2敗	フィラデルフィア・フィリーズ
1994	開催されず			
1995	アトランタ・ブレーブス	3	4勝2敗	クリーブランド・インディアンス
1996	ニューヨーク・ヤンキース	23	4勝2敗	アトランタ・ブレーブス
1997	フロリダ・マーリンズ	初	4勝3敗	クリーブランド・インディアンス
1998	ニューヨーク・ヤンキース	24	4勝無敗	サンディエゴ・パドレス
1999	ニューヨーク・ヤンキース	25	4勝無敗	アトランタ・ブレーブス
2000	ニューヨーク・ヤンキース	26	4勝1敗	ニューヨーク・メッツ
2001	アリゾナ・ダイアモンドバックス	初	4勝3敗	ニューヨーク・ヤンキース
2002	アナハイム・エンゼルス	初	4勝3敗	サンフランシスコ・ジャイアンツ
2003	フロリダ・マーリンズ	2	4勝2敗	ニューヨーク・ヤンキース
2004	ボストン・レッドソックス	6	4勝無敗	セントルイス・カージナルス
2005	シカゴ・ホワイトソックス	3	4勝無敗	ヒューストン・アストロズ
2006	セントルイス・カージナルス	10	4勝1敗	デトロイト・タイガース
2007	ボストン・レッドソックス	7	4勝無敗	コロラド・ロッキーズ
2008	フィラデルフィア・フィリーズ	2	4勝1敗	タンパベイ・レイズ
2009	ニューヨーク・ヤンキース	27	4勝2敗	フィラデルフィア・フィリーズ
2010	サンフランシスコ・ジャイアンツ	6	4勝1敗	テキサス・レンジャーズ
2011	セントルイス・カージナルス	11	4勝3敗	テキサス・レンジャーズ
2012	サンフランシスコ・ジャイアンツ	7	4勝無敗	デトロイト・タイガース
2013	ボストン・レッドソックス	8	4勝2敗	セントルイス・カージナルス
2014	サンフランシスコ・ジャイアンツ	8	4勝3敗	カンザスシティ・ロイヤルズ
2015	カンザスシティ・ロイヤルズ	2	4勝1敗	ニューヨーク・メッツ
2016	シカゴ・カブス	3	4勝3敗	クリーブランド・インディアンス
2017	ヒューストン・アストロズ	初	4勝3敗	ロサンゼルス・ドジャース
2018	ボストン・レッドソックス	9	4勝1敗	ロサンゼルス・ドジャース
2019	ワシントン・ナショナルズ	初	4勝3敗	ヒューストン・アストロズ
2020	ロサンゼルス・ドジャース	7	4勝2敗	タンパベイ・レイズ
2021	アトランタ・ブレーブス	4	4勝2敗	ヒューストン・アストロズ
2022	ヒューストン・アストロズ	2	4勝2敗	フィラデルフィア・フィリーズ

※赤がア・リーグ、青がナ・リーグ。それぞれ当時のチーム名で表記。ボストン・ピルグリムスはボストン・レッドソックス、 セントルイス・ブラウンズはオリオールズの前身。表内のワシントン・セネタースはツインズの前身。クリーブランド・インディアンスは 2021 年までの呼称

MLB2023

日本人選手「最速」通信簿

大谷とともに、日本選手の活躍も気になるところ。
現役時代は最多勝＆最優秀救援投手、
現在はＭＬＢ中継の解説者として高い分析力に定評がある武田一浩氏に、
メジャーで活躍する日本人８選手の活躍、
今後の期待について採点してもらった。

採点者 武田一浩氏

たけだ・かずひろ●1965年6月22日生まれ、東京都出身。明大中野高－明治大。1987年ドラフト1位で日本ハム入団。91年最優秀救援投手、ダイエーで98年最多勝。中日を経て2002年巨人で引退。通算341試合登板89勝99敗31セーブ、防御率3.92

取材・構成／平尾 類

大炎上連発で防御率は12点台

潜在能力抜群も……ミニキャンプで立て直しを

藤浪晋太郎

オークランド・アスレチックス

がんばりましょう

40

今季成績（5月24日終了時点）

登板	勝利	敗北	セーブ	ホールド
14	1	5	0	0
投球回	奪三振	自責点	被打率	防御率
27.2	29	39	.293	12.69

潜在能力の高さは、誰もが認めるところでしょう。160キロ以上を投げられる素材はなかなかいません。ただ、投手はストライクが入らないと勝負できない。素晴らしい球も、確率的に10球投げて1球いくかどうかだと厳しい。本人も試行錯誤していると思いますが、顔が突っ込んで手が遅れて出てくる現在の投球フォームだと、球が抜ける確率が高くなってしまう。本来ならミニキャンプなどで立て直したほうがいいと思うのですが、メジャー契約で毎日一軍に同行していると、投球フォームをつくり直す時間がなく悩ましい。

先発で結果を出したい思いが強かったので、救援への配置転換は悔しいと思いますが、置かれた立場を考えると、リリーバーで結果を出さなければMLBで生き残れない。早くも正念場を迎えていますが、強い精神力で投げ続けるしかない。僕はダイエー時代に試合前のブルペンで調子が悪かったとき、捕手から目を切って投げる形を試したらしっくりきたことがあります。試合でもそのフォームで投げて完封勝利を収めました。藤浪投手も何かきっかけをつかんでもらいたい。

今季成績（5月24日終了時点）

登板	勝利	敗北	セーブ	ホールド
9	4	3	0	0
投球回	奪三振	自責点	被打率	防御率
48	61	21	.231	3.94

フォームの再現性アップを

お化けフォークは打たれない 課題は制球力

よくできました

75 千賀滉大

ニューヨーク・メッツ

ソフトバンクのエースとして活躍し、メッツでは先発ローテーションで期待されている千賀投手は、上々の滑り出しだと思います。物おじしない性格は、アメリカで成功するうえで大事な要素。マウンドでの立ち居振る舞いも堂々としています。MLB球への対応に時間がかかるかなと思いましたが、うまく対応できています。これから登板を重ね、どんどんなじんでくるでしょうし、防御率も3点台まで落ちると思います。150キロを超える直球に「お化けフォーク」が決まれば、なかなか打たれない。

課題は制球力です。ストライクゾーンの四隅にきっちり投げるタイプではないですが、フォークやスライダーの抜け球が目立ちます。四球は安打で出塁を許すのと一緒なので、減らしていきたい。

フォームを変える必要はなく、いい投球の再現性を高めていってほしい。先発陣に入っている以上、最低でも2桁勝利が求められます。ダルビッシュ投手と同様に怖いのは故障。シーズンを通じて投げ続けられれば、おのずと結果はついてくると思います。

MLB仕様のオープンスタンス

内角の速い球に力負けしていない

吉田正尚

ボストン・レッドソックス

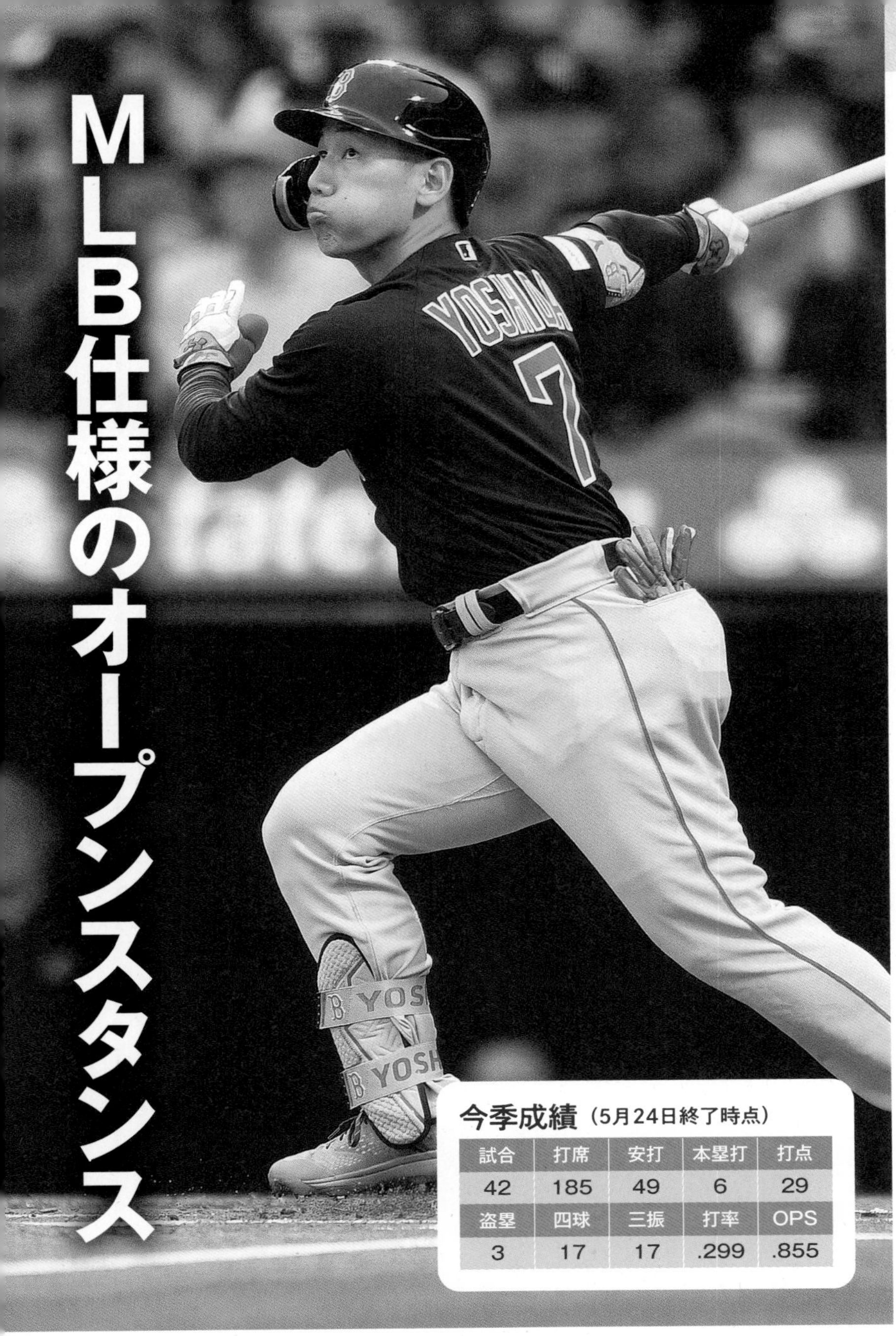

たいへんよくできました

100

今季成績（5月24日終了時点）

試合	打席	安打	本塁打	打点
42	185	49	6	29
盗塁	四球	三振	打率	OPS
3	17	17	.299	.855

MLB1年目ですが、僕は早い段階でアジャストして通用すると思っていました。一番の強みは好不調の波が少ないこと。オリックス時代も、スランプが短いからハイアベレージを残せる。空振りも少なく、どんな球にも対応できる。WBCの疲労が懸念されましたが、大丈夫でしたね。

春先は打率が1割台まで落ち込みましたが、構えをオープンスタンス気味にして、球を両目で見る意識を強くしたことでミート能力が上がりました。打率を一気に上げ、手応えをつかんでいるでしょう。日本人野手はMLBで成績を残せない場合が多いですが、吉田選手は心配ない。理由は内角の速い球に力負けしないからです。きっちり振り切ってヒットも長打も打てる。投手からすると、こういう打者が一番厄介です。

MLB初アーチは、レッドソックスの本拠地「フェンウェイ・パーク」左翼の巨大フェンス「グリーンモンスター」を越えました。力負けせず、逆方向に狙って打っている。打率3割、20本塁打は達成可能。文句なく満点評価、対応力の高さを含め十分に評価したい。

「強いスイング」で調子は上向き

鈴木誠也

シカゴ・カブス

よくできました

70

今季成績（5月24日終了時点）

試合	打席	安打	本塁打	打点
37	154	39	6	19
盗塁	四球	三振	打率	OPS
1	19	37	.293	.887

昨季より間違いなく活躍すると思います。WBCは左脇腹痛で出場を辞退しましたが、コンディションが整えば、打撃技術は十分に通用する。MLB1年目の昨季は左手薬指の捻挫で戦線離脱し、不完全燃焼だったと思います。今季も故障からのスタートになり、復帰後は数字がついてきませんでしたが、打撃内容は悪くありません。5月14日のツインズ戦で1カ月ぶりに2号アーチ、その後もMLBでは日本人初の3打席連続弾と量産態勢に入っています。

鈴木選手がMLBで活躍できる根拠は「スイングが強い」こと。吉田選手との共通点でもあります。自分の体の真ん中で速い球に力負けしない選手は結果を残せる。中距離打者ですが、井口資仁さん、岩村明憲さんも力強いスイングができていたので、首脳陣に評価され、重宝されていました。

鈴木選手は序盤に出遅れたので採点は70点ですが、これから状態が上がっていくでしょう。チームが低迷しているので、クリーンアップを担う鈴木選手が打たないと白星が積み重ねられない。打率2割8分、20本塁打、80打点は期待したいです。

菊池雄星

トロント・ブルージェイズ

制球力アップ！ MLB5年目で本領発揮

コンパクトなテークバック

たいへんよくできました

100

今季成績（5月24日終了時点）

登板	勝利	敗北	セーブ	ホールド
10	5	2	0	0
投球回	奪三振	自責点	被打率	防御率
51.1	48	26	.279	4.56

日本人選手のなかで、好調な投球が際立ちます。もともとの能力は高いですが、環境に慣れるのに時間がかかるタイプだと感じていました。西武に入団したときも、先発ローテーションで一本立ちするまでに4、5年かかっています。MLBでも試行錯誤を繰り返していましたが、5年目で力を発揮している。この5年間は、米国で成功をつかむために必要な期間だったのでしょう。

技術的には、テークバックがコンパクトになって制球力が格段に上がりました。体の中心に力が集まる投げ方なので球威が落ちず、意図したところに投げられている。結果を出すことで自信をつけている。マウンド上の表情も頼もしく感じますね。さらに良くなるためには、狙ったポイントよりもう少し低めに投げられたら、さらに安定感が増すでしょう。

今のアメリカの野球は、高めのコースで空振りを取る投球が主流ですが、低めにきっちり投げられれば、そうそう打たれません。オールスターまで10勝できれば精神的に楽になり、12、13勝もクリアできる。春先の活躍は100点。今後にも期待ですね。

本当の勝負は来年&再来年

今季未勝利も手術明けで焦りは禁物

前田健太

ミネソタ・ツインズ

もうすこしです

60

今季成績（5月24日終了時点）

登板	勝利	敗北	セーブ	ホールド
4	0	4	0	0
投球回	奪三振	自責点	被打率	防御率
16	14	16	.329	9.00

トミー・ジョン手術から1年8カ月ぶりにMLBに復帰しましたが、ボールのキレはまだ本来の状態に戻っていないと感じます。今季初勝利はまだですが（5月24日時点）、悲観することはない。この手術から復帰して、思うような投球ができないケースは非常に多いからです。

大谷選手も２０１８年秋に同手術を受けましたが、完全復活までは３年かかった。前田投手は35歳とベテランの域に入りましたが、日米で実績がありますし、万全なコンディションを取り戻せば必ず復活できる。

４月21日のレッドソックス戦で、強烈な打球が左足首に直撃しましたが、大事に至らずホッとしました。足首は走るとき、また投げるときにも負担がかかるので、じっくり治したほうがいい。今回のアクシデントも、「休んだほうがいい」というメッセージだと考えてもいい。復帰を焦るあまり万全でない状態で戻ると、投球フォームのバランスを崩す危険性があります。

個人的に、前田投手の勝負は来年、再来年だと思います。採点は60点ですが、焦りは禁物です。

今季成績（5月24日終了時点）

登板	勝利	敗北	セーブ	ホールド
9	3	3	0	0
投球回	奪三振	自責点	被打率	防御率
54	57	22	.227	3.67

防御率&投球内容は◎

たいへんよくできました

不調でも結果を出す「安定」のベテラン

90 ダルビッシュ有

サンディエゴ・パドレス

ダルビッシュ投手には、メジャーで積み上げた実績があります。彼を表す言葉は「安定」。先発登板した試合は100球前後投げて、高い確率で試合をつくってくれる。

今季も成績は3勝3敗（5月24日時点）ですが、投球自体はいい。勝ち星は打線との兼ね合いがありますが、防御率は悪くない。これから気温が上がり、WBCの疲れが抜ければ、さらに調子が上がると思います。WBCでは自分の調整より、侍ジャパン全体のことを考えていたので、コンディションづくりが難しかったかもしれませんが、あのクラスの投手はシーズンではきっちり合わせてくる。パドレスも信頼を置いているから、昨オフに6年の長期契約を結んだ。ダルビッシュ投手が30試合登板すれば、最低でも20試合はチームが勝つという計算だと思います。

心配なのは故障ですね。37歳という年齢を考えると、若手のときよりコンディションづくりに神経を使う。僕は37歳で引退しましたが、肩、肘ではなく右膝を壊したのが響きました。走れなくなり、制球も悪くなった。ケガをしても無理は禁物です。

「20勝&40本」も不可能ではない数字

大谷翔平

ロサンゼルス・エンゼルス

内角高めの速球対策に注目

今季成績（5月24日終了時点）

登板	勝利	敗北	セーブ	ホールド
10	5	1	0	0
投球回	奪三振	自責点	被打率	防御率
59	80	20	.142	3.05

試合	打席	安打	本塁打	打点
49	217	53	12	33
盗塁	四球	三振	打率	OPS
6	22	46	.280	.888

さすがとしか言いようがない。WBCでプレーして、開幕後に投打でこの成績ですから。

投手としては4月に4勝0敗でしたが、5月に入って、ちょっと疲れが出ているかなと。5月15日のオリオールズ戦では3被弾で7回5失点。5月の試合で被弾が多いのは配球の影響がありますが、大谷を支える大事な球種「スイーパー」が甘く入って痛打されているケースが多い。ただ、疲れが抜ければ変化球の精度が上がるので大丈夫でしょう。全力で投げなくても抑えられるので、球数も考えながら配球を組み立てていると思います。右打者の内角に食い込むツーシームをもう少し使えば簡単に打ち取れるかなとも感じます。

打者としては、ミートポイントを昨季より引き付けて打っている感じがします。少し気になるのは内角高めの速い球が打てていないこと。大谷選手に考えがあって今の打ち方に取り組んでいるので、どう対応するか注目しています。今のペースでいけば、投手で20勝、打撃で40本塁打も決して不可能な数字ではない。次元が違う選手です。

大谷翔平のライバルたち!

MLB 2023
最強スーパースター図鑑

大谷選手は今季、投手としてサイ・ヤング賞、
そして打者としての成績も含めたシーズンMVPのダブル獲得が射程圏内。
史上初の快挙を狙う大谷選手の前に立ちはだかるライバルは一体誰なのか?
監修者の福島氏に聞いた。

〝黄金期〟アストロズを支える若き主砲

キューバの大砲 ヨルダン・アルバレス

（ヒューストン・アストロズ／5年目／25歳）

ア・リーグ本塁打王争いは5月31日終了時点で、トップはアーロン・ジャッジ（ニューヨーク・ヤンキース）の18本、2位は大谷の15本。そしてヨルダン・アルバレスが大谷に1本差の14本で3位タイにつけている。

「キューバ出身のスラッガーです。大谷選手と同じ左打ちで同じDH。昨季はア・リーグの本塁打王争いで3位の37本。ワールドシリーズを含むポストシーズンでは3本塁打を放つなどチャンスにも強い。昨季はシルバースラッガー賞も受賞しました。今年のオールスターのホームランダービーで〝競演〟があるかもしれません。強打の左打者ですが、投手の右左に関係なく打てるところが強みです。ア・リーグMVPを争うであろうアーロン・ジャッジ選手、大谷選手を脅かす存在です」（福島氏）

通算成績

率	.296
安	393
本	98
点	283

大谷翔平との対戦成績

率	.250（12－3）
本	0
点	2

※通算成績は2022年シーズン終了時点。対戦成績は2023年5月30日現在のシーズン公式戦

父親は殿堂入りレジェンド

ウラジミール・ゲレーロJr.

（トロント・ブルージェイズ／5年目／24歳）

2021年シーズンのア・リーグ本塁打王争い。シーズン終盤まで大谷と熾烈《しれつ》な戦いを繰り広げたのがウラジミール・ゲレーロJr.だ。

「父親のゲレーロ・シニアは通算449本塁打で殿堂入りしているレジェンド。エンゼルスに在籍した2004年にはシーズンMVPも獲得しています。ゲレーロJr.選手は2021年に大谷選手とMVPと本塁打王の座を争ったことで日本でも有名になりました。MVPは大谷選手が受賞しましたが、本塁打王のタイトルはゲレーロJr.選手が48本で獲得しています。当時は史上最年少の三冠王誕生かと騒がれたように打率も残せる選手。2022年は前年ほどの活躍はできませんでしたが、2年前の実績を踏まえると、大谷選手のライバルと言えるでしょう」（福島氏）

通算成績

率	.284
安	547
本	104
点	310

大谷翔平との対戦成績

率	.375（8－3）
本	1
点	1

27 Mike Trout

シーズンMVP3度「トラウタニ弾」は今季不敗

大谷とのコンビは「現役最強」
マイク・トラウト
（ロサンゼルス・エンゼルス／13年目／31歳）

WBC決勝のアメリカ戦で、侍ジャパンの大谷が9回2死から空振り三振に斬った相手がトラウト。〝現役最高の選手〟との対峙だったからこそ、感動のドラマが生まれた。

「大谷選手にとって一番身近なよきライバル。2014、2016、2019年にシーズンMVPを獲得。オールスターでもMVPを2度受賞している〝お祭り男〟です。本塁打は昨季も含めシーズン40本以上を3度マーク。今季、本塁打は5月31日終了時点で13本と、大谷選手と同じようなペースで量産しています。二人がアベック本塁打を打つ〝トラウタニ弾〟が出た試合は勝率がいいのですが、今季は5度（同日終了時点）で負けなしです。お互いが刺激し合って結果を残せばチームは勝ち、プレーオフ進出に近づきます」（福島氏）

通算成績

率	.303
安	1543
本	350
点	896

大谷翔平との対戦成績

なし

巨人に在籍も4試合でクビに

アドリス・ガルシア

（テキサス・レンジャーズ／5年目／30歳）

２０１６年、アドリス・ガルシアは読売ジャイアンツを４試合７打数無安打で退団。しかし、２０１８年にカージナルスでメジャー初昇格を果たし、２０２０年にレンジャーズへ。今季は本塁打王争いで3位タイ、打点でも49打点でトップ（成績はともに5月31日終了時点）を走る。

「キューバ出身の右打者で、大谷選手と同じア・リーグ西地区。どの方向にも本塁打が打てるパワーの持ち主。日本でプレーした外国人選手のMLB本塁打王は、１９９０、１９９１年のセシル・フィルダー（元阪神）以来。そういう意味でも注目したいところです」（福島氏）

守備も光るチームリーダー

マーカス・セミエン

（テキサス・レンジャーズ／11年目／32歳）

大谷とアーロン・ジャッジ（ニューヨーク・ヤンキース）のシーズンMVP争いに割って入るとしたら、この選手かもしれない。マーカス・セミエンは大谷がMVPを獲得した２０２１年、得票数で2位ゲレーロJr.に次ぐ3位。２０１９年にも同３位に入っていた。

「同じア・リーグ西地区レンジャーズの1番打者。ア・リーグMVP候補に挙がる選手です。セカンドの守備はハイレベルで、チームリーダーの役割も担うベテラン。大谷選手が２０１８年、7回1死までパーフェクトだったところを彼に左前打を浴びた。地区優勝の可能性もありそうなチームの1番打者としても注目してほしい選手です」（福島氏）

WBCメキシコ代表でも活躍

ランディ・アロザレーナ

（タンパベイ・レイズ／5年目／28歳）

2020年のポストシーズン10本塁打で一躍有名に

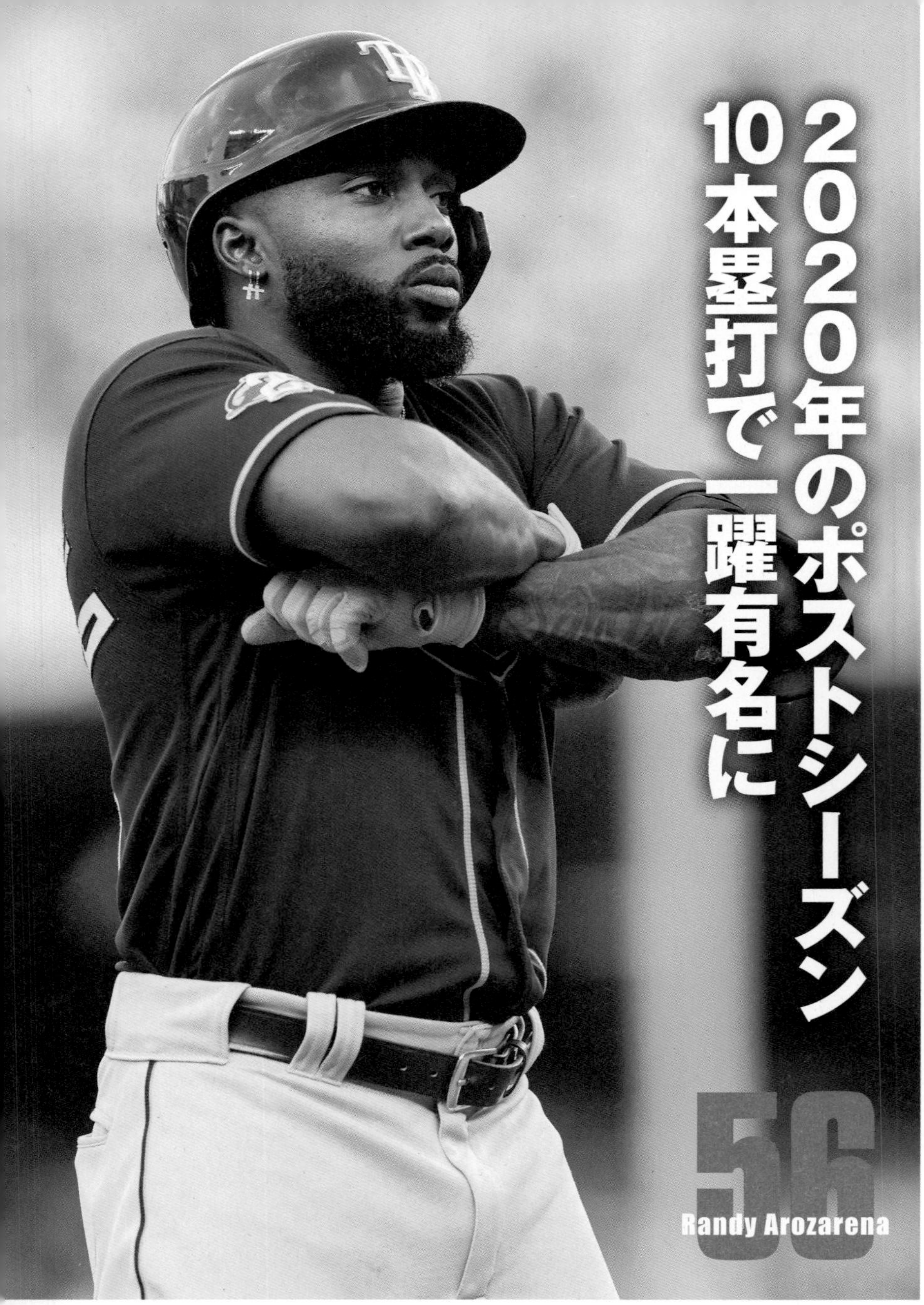

今年のWBC準決勝でメキシコ代表として侍ジャパンと対戦。左翼フェンス際の大飛球をジャンピングキャッチし、ドヤ顔をキメた選手がこのランディ・アロザレーナだ。

「2020年のポストシーズン、10本塁打を放ち一躍有名になりました。2021年はア・リーグ新人王。今季レイズの開幕13連勝は、彼が最大の原動力です。パワーとスピードを兼ね備えています」（福島氏）

19歳の時、父親が急逝。生計を立てるため、メジャーリーガーになるべくキューバから家族全員で亡命した。夜中に小舟へ乗り込み、高さ5～6メートルの波にもまれながら8時間かけてメキシコにたどり着いたという。ドラマチックな人生を生き抜くアロザレーナは現在、打撃3部門で上位につけている。ドヤ顔にも注目だ。

通算成績

率	.269
安	323
本	48
点	171

大谷翔平との対戦成績

率	.000（3－0）
本	0
点	0

ナ・リーグMVP候補の大本命

ロナルド・アクーニャJr.

（アトランタ・ブレーブス／6年目／25歳）

大谷のエンゼルスが所属するア・リーグではなく、ナ・リーグのMVP候補大本命。俊足かつ強打者として、アトランタ・ブレーブスの1番打者を務めている。

「ベネズエラ出身で走攻守が揃ったスター選手。MLB2年目の2019年は41本塁打37盗塁で盗塁王を獲得しています。2021年7月に右膝前十字靭帯を断裂。同シーズンの後半を棒に振り、昨季も本調子ではありませんでしたが、今季は完全復活。MLB史上5人目の年間40本塁打・40盗塁はもちろん、史上初の40本塁打・60盗塁を達成するかもしれない勢いで活躍しています」（福島氏）

7月31日からエンゼルスと3連戦。オールスターでも大谷と対戦する可能性はある。復活したアクーニャJr.との対戦は必見だ。

通算成績

率	.277
安	550
本	120
点	296

大谷翔平との対戦成績

率	.000（3−0）
本	0
点	0

MLB史上初の「40本塁打・60盗塁」に期待

新人最多53本で本塁打王
ピート・アロンソ
（ニューヨーク・メッツ／5年目／28歳）

ＭＬＢ１年目で本塁打王を獲得した規格外の選手。ピート・アロンソは２０１９年、新人ではＭＬＢシーズン最多の53本塁打を放つ鮮烈なデビューを飾った。同年にはオールスターのホームランダービーで初優勝。２０２１年には史上３人目の〝連覇〟を達成し、現在はメッツの主砲を務めている。

「今季は両リーグを通じて本塁打20号に一番乗り。これはシーズン61本ペースで、昨季のアーロン・ジャッジ（ニューヨーク・ヤンキース）のような量産ぶりです。８月下旬にインターリーグでメッツとエンゼルスが対戦予定。大谷選手はメッツの本拠地シティ・フィールドに初登場となります」（福島氏）

名門チームの主砲
ラファエル・ディバース
（ボストン・レッドソックス／7年目／26歳）

名門ボストン・レッドソックスの若き主砲。ラファエル・ディバースは今季から11年総額３億３１００万ドル（約４４７億円）で契約を更新。２０３３年までという大型契約を結び、ＭＬＢ１年目の吉田正尚とともに打線の中軸を担う。

「２０１７年に当時ヤンキースの守護神チャプマンの約１６５キロの剛速球を本塁打。２０２１年は38本塁打を放ち、２年連続オールスターに出場しています。本塁打数は一時ストップしましたが、13本で5位タイ（5月31日終了時点）。今後、大谷選手らとの本塁打王争いで注目したい存在です」（福島氏）

大谷翔平、最大のライバル
アーロン・ジャッジ
（ニューヨーク・ヤンキース／8年目／31歳）

昨オフ ヤンキースと 9年493億円契約

「打者・大谷」最大のライバルと言えるのが、このアーロン・ジャッジ。5月31日終了時点で、ア・リーグの本塁打王争いでは18本でトップ。2位の大谷に3本差をつけている。

「メジャーを代表するホームランバッターです。昨年は62本塁打を放ち、1961年にロジャー・マリス（ヤンキース）が記録した61本を抜くア・リーグのシーズン新記録を樹立しました。大谷選手とのMVP争いも制して初受賞。今季は開幕後に右股関節を痛めて故障者リスト入りし10日間休養しましたが、そのブランクも影響も感じさせず、本塁打の量産態勢に入っています」（福島氏）

昨年オフにヤンキースと9年総額3億6000万ドル（約493億円）の超大型契約。まさに現代のMLBを代表するスーパースターの一人だ。

通算成績

率	.284
安	748
本	220
点	497

大谷翔平との対戦成績

率	1.000（2−2）
本	1
点	1

レイズの快進撃支える

シェーン・マクラナハン

（タンパベイ・レイズ／3年目／26歳）

レイズは今季、開幕13連勝を記録。近代野球では1982年ブレーブス、1987年のブルワーズに並ぶMLB最長記録だった。東地区で首位を走るチームを牽引するのが26歳の若きエース、シェーン・マクラナハンだ。

「2020年、史上初めてポストシーズンがMLBデビューとなった投手です。2021年から2年連続2桁勝利を挙げ、昨季はオールスターで先発も務めました。今季は2年連続開幕投手を務め、（5月31日終了時点で）ハーラートップの8勝、防御率でも2位の2・07と絶好調。大きく変化するチェンジアップとカーブが武器で、現代メジャーを代表する最高レベルの先発左腕。現段階ではコール（ヤンキース）に次ぐサイ・ヤング賞候補です」（福島氏）

通算成績

試	53
勝	22
敗	14
防	2.92

大谷翔平との対戦成績

率	.200（10−2）
本	0
点	1

激変チェンジアップはスイーパーに比肩

18
Shane McClanahan

ア・リーグのサイ・ヤング賞候補

ゲリット・コール

（ニューヨーク・ヤンキース／11年目／32歳）

史上3番目の早さでMLB通算2000奪三振

猛者揃いのアメリカン・リーグ投手陣のなかで、福島良一氏が大谷のライバルとして真っ先に挙げたのが、このゲリット・コールだ。2021年のア・リーグ最多勝投手であり、昨季は2019年に次いで、2度目の奪三振王に輝いている。

「MLBを代表する速球派で、今季のサイ・ヤング賞候補です。5月2日のガーディアンズ戦では、開幕から7試合で5勝無敗、防御率1・35。ヤンキースの投手が開幕から7戦負けなし、かつ防御率1・50以下は、1958年ボブ・ターリー以来65年ぶりの記録です。同23日にはMLB通算2000奪三振を史上3番目の早さで達成しました」（福島氏）

5月31日終了時点でも12戦負けなし。名門ヤンキースのエース右腕としても注目したい選手だ。

通算成績

試	267
勝	130
敗	71
防	3.23

大谷翔平との対戦成績

率	.200（20−4）
本	1
点	3

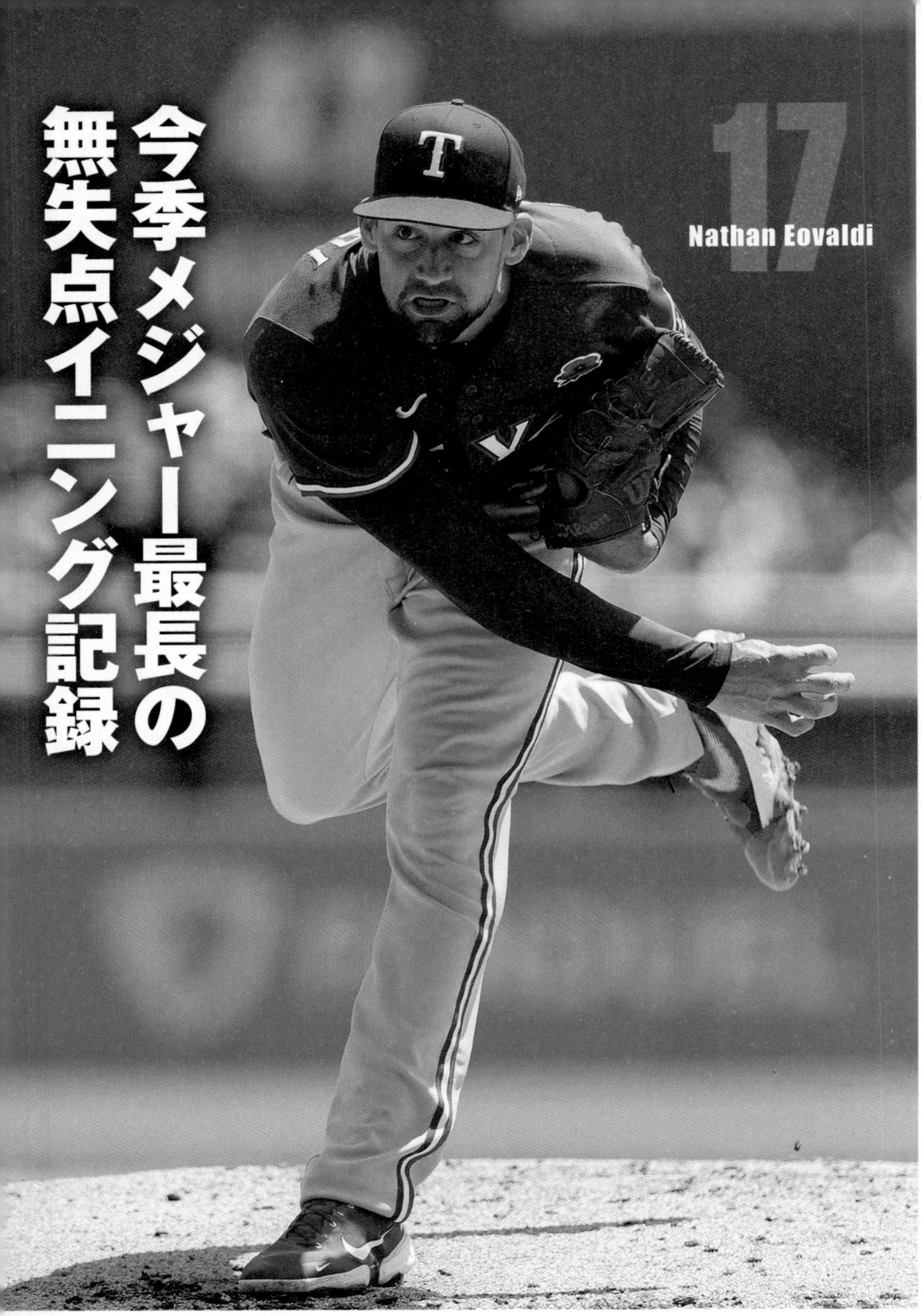

今季メジャー最長の無失点イニング記録

首位レ軍のエース格
ネイサン・イバルディ

（テキサス・レンジャーズ／12年目／33歳）

エンゼルスと同じア・リーグ西地区で首位（5月31日終了時点、以下同）に立つレンジャーズ。ネイサン・イバルディはエース格としてフル回転している。今季7勝はリーグ2位タイ、防御率2・42は同5位と投手部門の上位につける。

「2022年12月、レッドソックスからのFAとなり、2年3400万ドル（約45億9000万円）で契約しました。今季は絶好調です。28回2／3連続無失点を記録し、これは今季メジャー最長記録。4月29日から3先発連続で8回以上無失点は、史上3人目となる球団記録です。ジェイコブ・デグロムが故障者リスト入りしていますが、その穴を十分に埋めています」（福島氏）

地区優勝を狙うレンジャーズの最強投手コンビの一人だ。

通算成績

試	240
勝	67
敗	68
防	4.16

大谷翔平との対戦成績

率	.125（16－2）
本	0
点	1

MLBきっての剛腕投手

ジェイコブ・デグロム

（テキサス・レンジャーズ／10年目／34歳）

今季からレンジャーズに加入したMLBナンバーワンの剛腕投手。直球の平均球速が98・9マイル（約159キロ）。しかも制球力にも長けており、通算の防御率は2・52。

「2018、2019年ナ・リーグのサイ・ヤング賞投手です。2018年は1・70という驚異的な防御率を記録。2019、2020年は奪三振王。2022年12月にニューヨーク・メッツから5年総額1億8500万ドル（約295億円）で移籍しました」（福島氏）

4月29日から右肘の炎症で故障者リスト入り。休養前は6登板でクオリティースタートは3、2勝無敗の成績を残していたが、6月6日（現地時間）にMLB公式サイトなどが右肘手術を受けると報道。今季中の復帰は絶望的で、大谷との〝対戦〟は来季以降に持ち越される。

通算成績

試	209
勝	82
敗	57
防	2.52

大谷翔平との対戦成績

なし

メッツから移籍も大谷との対戦は来季以降!?

奪三振王争いのライバル
ケビン・ガウスマン
（トロント・ブルージェイズ／11年目／32歳）

同じア・リーグで大谷と奪三振王を争うケビン・ガウスマン。6月1日終了時点で、大谷に10差をつける100奪三振でリーグトップに立っている。

「MLB11年目のベテランです。2021年は自己最多の14勝で227奪三振。同年オフにジャイアンツから5年総額1億1000万円（約121億円）で移籍しました。翌2022年は12勝で205奪三振。最大の武器はMLBで最高ともいわれるスプリット。奪三振に関しては、彼がコール（ヤンキース）と並ぶ最大のライバルです」（福島氏）

奪三振率では大谷がトップ。今季に限らず、二人の奪三振ショーに注目だ。

正確無比な制球力
ジョー・ライアン
（ミネソタ・ツインズ／3年目／27歳）

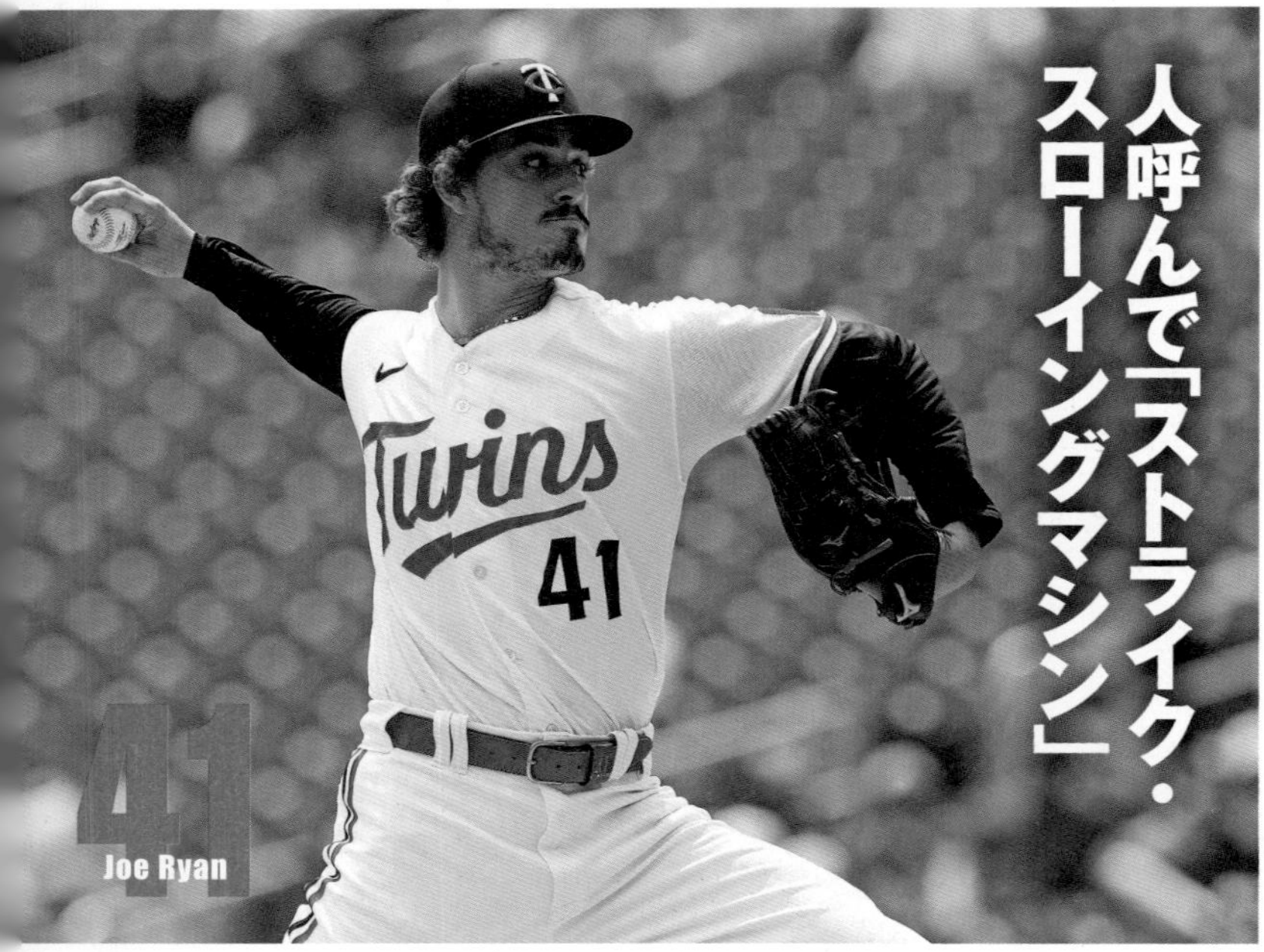

「ストライク・スローイングマシン」――。MLB3年目の右腕ジョー・ライアンはそんな異名をとる。

「6月5日に27歳の誕生日を迎えたばかりです。2021年は東京2020五輪のアメリカ代表で、その9月にメジャーデビュー。2022年は13勝を挙げ、7月以降の防御率は2・21、WHIPが0・95。球界を代表する投手に急成長しました。直球、スプリット、そして何といってもコントロールがいい。今季は防御率もいい成績を収められそう。このままいくと防御率だけでなく、勝利数と奪三振数、サイ・ヤング賞も可能性ありです」（福島氏）

クオリティー・スタートの数はリーグトップタイ

ゴロアウトの山を築く
フラムバー・バルデス

（ヒューストン・アストロズ／6年目／29歳）

昨季ワールドシリーズを制したアストロズの新エース。今季6月1日終了時点で11試合に登板し、クオリティー・スタートはリーグトップタイの9を数える。

「アストロズでは（ニューヨーク・メッツへ移籍した）バーランダーがエース格でしたが、2022年に17勝、リーグ最多の201回1/3を投げて彼に代わる新エースとなりました。昨季のポストシーズンでは4試合に先発して3勝しています。シンカー、カーブの使い手で、とくにカーブはMLBナンバーワンといわれる一級品。ゴロアウトが多く、打たれた本塁打は今季6本のみです。エンゼルスにとっては、同じリーグ、同じ地区の強敵アストロズのエース。ポストシーズン進出を目指すうえで最大の難敵と言えます」（福島氏）

通算成績

試	98
勝	41
敗	23
防	3.38

大谷翔平との対戦成績

率	.143（28－4）
本	1
点	2

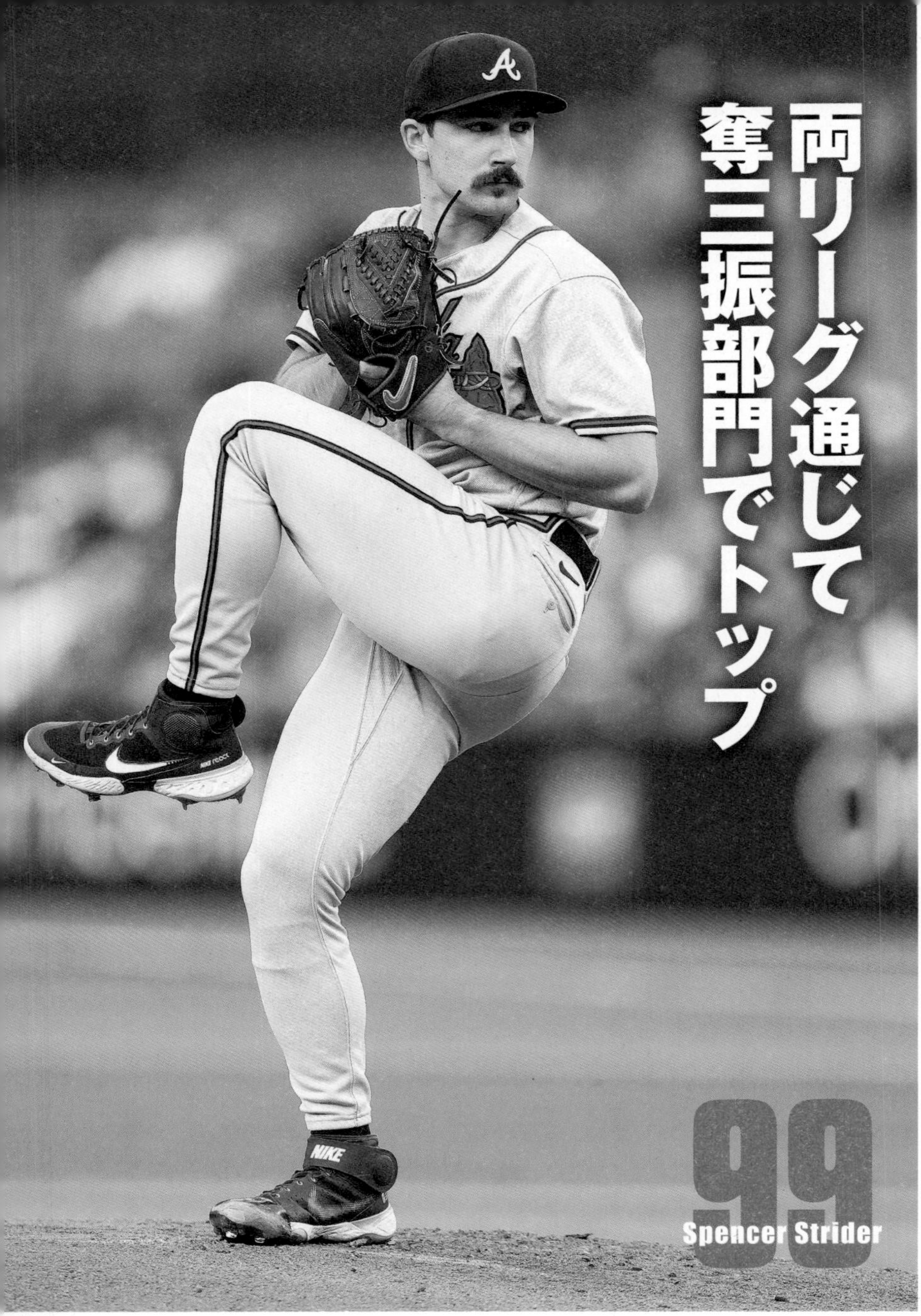

今季「100K」一番乗り

スペンサー・ストライダー

（アトランタ・ブレーブス／3年目／24歳）

両リーグ通じて奪三振部門でトップ

MLBで今、最もホットな投手。スペンサー・ストライダーはナ・リーグの奪三振部門でずばぬけた成績を挙げている。6月1日終了時点で奪三振数106、奪三振率14・98は両リーグを通じてもトップに立つ。

「メジャーデビュー2年目の2022年に先発ローテーション入りして、MLB最速の投球130イニングでシーズン200奪三振を突破しました。今季も両リーグを通じて100奪三振一番乗り。身長183センチはMLB投手のなかでは小柄なほうですが、オーバーハンドのリリースポイントが高く、7フィートの高さから投げおろします」

大谷のア・リーグと異なるナ・リーグだが、インターリーグ、オールスターで対戦する可能性はある。見ごたえのある対戦になりそうだ。

通算成績

試	33
勝	12
敗	5
防	2.69

大谷翔平との対戦成績

なし

本塁打を打たれない男
ザック・ガレン
（アリゾナ・ダイヤモンドバックス／5年目／27歳）

2022年にブレークしたザック・ガレンもまた、ナ・リーグ注目の投手だ。同年は自己最多の12勝を挙げ、WHIPは0・91でリーグトップ。44回1／3連続無失点の球団記録も樹立した。

「今季も4月に4勝無敗、防御率1・09という素晴らしい成績。両リーグを通じて最高レベルの投手の一人といえるでしょう。6月1日終了時点で12登板、リーグトップタイの7勝、打たれた本塁打はわずか2、WHIPは1・03です。7月11日オールスターの先発候補なので、インターリーグも含め、打者・大谷と対戦するかもしれません」（福島氏）

サイ・ヤング賞3度受賞
ジャスティン・バーランダー
（ニューヨーク・メッツ／19年目／40歳）

ジャスティン・バーランダーはサイ・ヤング賞3度受賞の右腕。最多勝4度、最優秀防御率2度、奪三振王5度を誇る現役最強投手だ。昨季はワールドシリーズを制し、ヒューストン・アストロズからメッツへ移籍した。

「8月下旬にメッツ戦があるので、大谷選手と投げ合う可能性も。ほかにもメッツのマックス・シャーザー、サイ・ヤング賞3度受賞のクレイトン・カーショウ（ロサンゼルス・ドジャース）、昨季同賞のサンディ・アルカンタラ（マイアミ・マーリンズ）にも注目してほしいです」

大谷のライバルは全員がスーパースター。だからこそ、大谷はすごいのだ。

これであなたもメジャー通！
MLBを100倍楽しむための最新キーワード30

新ルール、新制度を躊躇なく採用するMLB。失敗を恐れないチャレンジ精神、開拓精神がMLBの魅力のひとつだ。野球の「最先端」がわかる30のキーワードを紹介。

01 「ビッグ・フライ！ オータニサーン」ホームランコール

実況アナ、最大の「見せ場」

選手が本塁打を打ったときに、実況アナウンサーが放つ「決め台詞《ぜりふ》」のこと。MLBでは各球団に専属アナウンサーがおり、情景描写やたとえ話で本塁打を表現する。過去の名実況では、米ESPNのクリス・バーマン氏の「Back, back, back, back...Gone!」、マリナーズ、デイブ・ニーハウス氏の「グランド・サラミ」（満塁本塁打＝グランド・スラムのダジャレ）、ウェイン・ヘイガン氏の「アディオス！」などが有名。エンゼルスでは2018年、ビクター・ロハス氏が放った「ビッグ・フライ！オータニサーン」の名言が日本でもおなじみ。「アメリカでは、ホームランコールの人気ランキングもあるんですよ」（福島氏）

02 エンゼルスの「兜《かぶと》」だけじゃない ホームランセレブレーション

MLBで大ブームの「儀式」

本塁打を放った選手をベンチが祝福する儀式。2018年頃には、初アーチの新人選手を完全無視する「サイレント・トリートメント」が流行した。「ホームランセレブレーションは、ここ数年で本格的に流行。先駆けは、スワッグ・チェーンを選手の首にかけたパドレスあたりだと思います」（福島氏）。ブルワーズは地元名産のチーズのかぶりもの、レイズでは本塁前で待つナインが打者のホームインの瞬間にずっこけるというダチョウ倶楽部顔負けの儀式も。エンゼルスでは昨季はカウボーイハット、今季は兜をかぶせる。「（規律に厳しい）ヤンキースは頑なにやりません」（同前）。

パドレスの「儀式」はスワッグ・チェーン。これが元祖？

2023年のルール改正❶ 03

ピッチクロック

時間短縮の“一大革命”

今季からＭＬＢで導入された時間制限措置。投手に課せられる制限時間は、走者がいない場合はボールを受け取ってから15秒、いる場合は20秒以内に投球動作に入らなければ「ボール宣告」を受ける。また、打者と打者の間は30秒以内に投球動作を開始しなければ、これもボール宣告となる。

打者の制限時間は、投手に課せられた制限時間8秒前には投手へ注意を向けること。できない場合は「ストライク宣告」となる。また、投手が牽制球などでプレートを外すのは2回まで許されるが、3回目で牽制アウトにできなければボークを取られる。

大谷選手は今季初勝利を挙げた4月5日（現地時間）のマリナーズ戦、投打の両方でピッチクロック違反をした最初の選手になった。投手では1回、制限時間内で投球動作に入れず、打者としては6回の打席で投球に備えることができなかった。

試合時間はおよそ30分も短縮された

「試合時間は昨年比で平均30分ほど短くなっています。ＭＬＢは試合時間の短縮が人気回復の決定打とみていました。ここまで効果的な措置はこれまでなかったし、見ているほうとしてはありがたいルール。NPBでも取り入れる可能性はあるかもしれません」（福島氏）

2023年のルール改正❷ 04

ベース巨大化

塁間が約11.4センチ短く

従来15インチ（約38.1センチ）四方だったベースが、今季から18インチ（約45.7センチ）四方に変更された。一辺あたり約7.6センチ大きく、塁間は約11.4センチ短くなった。

福島氏はこの「ビガー・ベース」と呼ばれる変更で、機動力回帰の傾向が強まるとみる。

「目的はベース上でのけがの防止。さらに、野球本来の『パワー＆スピード』をバランスよく見せるためです。本塁打が増えすぎると試合は大味になり、盗塁が減ります。盗塁を増やして試合に動きを出すことが狙いです」

昨季のシーズン最多盗塁はレンジャーズの128。今季はレイズが6月1日終了時点で両リーグ最多の77盗塁、シーズン215盗塁ペース。

2023年のルール改正❸ 05

変態「守備シフト」禁止

「ゴロ安打」減少への対抗策

ＭＬＢでは今季、極端な守備シフトが禁止された。その内容は①守備側のチームは内野に最低4選手を配置し、二塁ベースの両側に少なくとも2選手を配置すること②投手がプレートに足を置いたとき、内野4選手は内野にいること③内野手はサイドを切り替えないこと（遊撃手の一、二塁間配置不可）。ペナルティは、攻撃側はその1球をボール球とするか、プレーで発生した結果のいずれかを選択。

「フライボール革命につながったとされるゴロヒット減少の対抗策です。思惑通り打率が全体で5厘上がりました」（福島氏）

最新トレーニング施設

ドライブライン 06

シアトルにある現代の「虎の穴」

2012年にアメリカ・シアトルで創設されたトレーニング施設「ドライブライン・ベースボール」のこと。投手の球速アップに定評があり、オフのトレーニングをここで行うことがメジャーリーガーの最新トレンドになっている。

当初は倉庫を改装したジムだったが、大学でITを学んだ創始者のカイル・ボディ氏がデータ解析を導入。その内容をブログでつづると、投球分析家であるロブ・フリードマン氏や専門家らがネット上で反応し、プチブレークを果たした。

さらに、利用者のトレバー・バウアー（現DeNA）が2020年にサイ・ヤング賞を受賞して大ブレーク。大谷選手も以前から通っており、今年行われたWBCの練習中に、ドライブライン考案のカラーボール「プライオボール」を使用している様子が話題となった。NPBでも自主トレーニングのために選手が現地を訪れているほか、球団が選手派遣、スタッフ招へいなどに動いている。

「ドライブラインの優秀なインストラクターが、球団のスタッフとして引き抜かれています。大谷選手が所属するエンゼルスも、投手コーチ補佐がドライブライン出身。現代のMLBに多大な影響を与えている施設なんです」（福島氏）

大谷選手も利用するドライブライン考案の「プライオボール」。色によって重さが違う

昨季から導入された新システム

ピッチコム 07

サイン盗み防止と試合時間短縮

投球する球種、コースを伝達できる電子機器。テレビリモコンを横長にしたような形状で、選手たちは腕やプロテクターの下などにバンドを付けて着用する。送信する選手はストライクゾーンをほぼ9分割した9つのボタンを操作し、球種、コースを入力し、受信する選手はそれを母国語の骨伝導音声で聞く。投手、捕手、最大3人までの野手が着用でき、次の投球に関する情報を共有する。

「大谷選手が投球前に腕を触っていますが、この操作です。昨季から採用され、基本的にはサイン盗み防止対策。ＭＬＢでは投手がサインを出すことが多いため、時間短縮に効果的でした」（福島氏）

選手登場時に流れる曲

ウォークアップソング 08

日本よりも流れる時間が短い！

選手が登場するときに流れる曲のことを指す。昔はオルガン奏者が選手のイメージに合った曲を奏でていた。日本でも昭和の時代に各球場でオルガンの曲が演奏され、今でも試合前などに演奏が行われている球場も。

ＭＬＢでは次第に選手が自分の登場曲をリクエストするようになり、1980年代には映画『メジャーリーグ』で使用された「ワイルド・シング」を使う選手もいた。

「テレビを見ていても、あまり登場曲の印象はないかもしれませんが、MLBでは流す時間が日本よりも短いのです」（福島氏）

2022年に全球導入
飛ばないボール 10

増えすぎた本塁打の抑制策

2022年にMLBで全球導入された低反発球。本塁打数の激増により、打高投低のバランスを是正するために2021年から反発率を下げた球を導入。同年は旧来の球と混在していたが、2022年で出揃ったとされる。

「『フライボール革命』の影響で、MLB全体の本塁打数が2019年には史上最多の6776本まで増加。低反発球を全球導入した2022年は本塁打数が激減しました。ですが、今季は再び本塁打数が増えてきました。ピッチクロックの導入で、投手が投げ急ぐことが要因かも。また、左打者が引っ張り傾向になったことも関係するかもしれません。大谷選手も、例年は多い中堅から左への本塁打が少ない」(福島氏)

リリーフが先発という「奇手」
オープナー 09

2018年にレイズが導入

リリーフ投手が先発して短いイニングを投げ、その後本来の先発投手が4～5イニングを投げる起用法。2018年、レイズのケビン・キャッシュ監督が先発陣のコマ不足に悩まされて導入。当初は批判も浴びたが同年90勝72敗を挙げ、翌2019年以降は他球団も追随した。

また、先発を温存してリリーフ陣だけで投げ切る「ブルペンゲーム」という起用法もポストシーズンを中心に行われている。

一方で、先発投手の存在をより高めるための制度「ダブルフック」(後述)がマイナーでテスト中。日本でもオープナーを採用する球団もあったが、「MLBでは今後減少していく」(福島氏)見通しだという。

球団の歴史と本拠地の文化を表現
シティコネクトユニホーム 11

MLBとナイキが共同展開

MLBとナイキ社が2021年から共同で展開する新機軸の企画ユニホームのこと。各球団の歴史と本拠地の文化や特徴をデザインで表現したもの。2021、2022年は各7球団、今季はさらに6球団が採用。足かけ３年で、全30球団のうち20球団が着用することになった。

今季はレッズがマットな黒色を基調としたユニホームを採用、マリナーズのそれは殿堂入りのアナウンサー、デーブ・ニーハウス氏の名言「My Oh My」の文字があしらわれている。遊び心満載のユニホームだが、ヤンキース、タイガースなど10球団が不参加。名門球団の方針について、福島氏は「ヤンキースはナイキマークすらユニホームに入れるのを渋りましたから、おそらくやらないでしょう」。

おなじみエンゼルスのシティコネユニ。レトロ感が漂うクリーム色は南カリフォルニアのビーチをイメージ

細分化され続ける数値的指標
セイバーメトリクス 12

「マネーボール」革命の現在地

統計学を応用した選手評価、戦術の数値的指標のこと。資金面で劣っていたアスレチックスがセイバーメトリクスを応用し、2000年から4年連続でプレーオフへ進出。その内容を描いた書籍『マネーボール』はベストセラーとなり、映画化もされた。

代表的な指標は、得点への貢献度を示す「OPS」(出塁率＋長打率)、投手の責任が明らかな失点率「FIP」、1イニングあたりの被安打と与四球を示す「WHIP」など。

「最近では『OPS＋』もテレビでデータが出るようになりました。OPSの数字をアレンジしたもので100が基準値。次から次へと新たな指標が出てきているんです」(福島氏)

打球初速95マイル以上
ハードヒット 13

打撃成績と連動する数値

初速が95マイル(約153キロ)を超える打球を指す。スタットキャストでは、打球の初速は「Exit Velocity」、全球に対する比率が「Hard Hit%」と表記される。

6月2日終了時点では、大谷とシーズンMVPを争うアーロン・ジャッジの平均打球速度は97. 3マイル(約156.6キロ)、大谷選手が92.4マイル(約148.7キロ)。打撃成績ともほぼ連動している。大谷選手のハードヒット率は50.0%で、昨季を0.2%上回っている。

「打撃で成績を上げるには、いかに強い打球を打てるかが要因となってきました。より、その確率が重視されるようになってきたのだと思います」(福島氏)

高精度解析システム
スタットキャスト 14

野球の見方を100%変えた！

2015年からMLBが導入した高精度ITデータ解析システムのこと。高解像度カメラで投球、打球、野手、バットなどの動きを追い、瞬時に80項目以上のテーマで解析される。

「スタットキャストが導入され、野球に対する見方が100%変わりました。投手なら投球の回転数が、打者なら打球速度、飛距離、角度が一瞬で数値化されるようになった。野球の楽しみ方が何倍にも広がりました」(福島氏)

球界を席巻した「フライボール革命」も、スタットキャストの登場と連動している。

「ＭＬＢでは以前、アベレージヒッターはゴロを打つ打撃スタイルでしたが、極端な守備シフトを敷かれることで打率が下がった。打者側の対抗策として打球を上げる、つまりフライボール革命が起こったのです」(同前)

そのフライボール革命は、スタットキャストの数値でも実証されていった。ボールにバットを当てる角度と打球速度によって長打となる確率が高い組み合わせがあることが明らかとなり、その組み合わせが「バレルゾーン」、その打球の指標が「バレル率」と呼ばれている。導入から8年、データを基に野球を進化させることは常識になった。

中継画面ではホームラン直後に、あらゆる数値が瞬時に表示される(MLB.comより)

15 「二刀流登録」が正式採用
Two Way Player

笛吹けど大谷以外は踊れず……

投打二刀流での選手登録を意味する。走攻守すべてに優れた野手を「5ツール・プレーヤー」と表現するが、こちらは通称に加え、選手登録において「投手」「外野手」のような役割の枠名を示す。

「二刀流登録」は、1シーズンに投球回20イニング以上、かつ野手で20試合の先発出場(1試合3打席以上)の条件を満たした選手が対象。登録する場合は、投手登録から「Two Way Player」登録に変更となる。選手登録26人のうち、投手が13人までと定められているが、「二刀流登録」はその13人には含まれず、実質的に投手を14人登録できるメリットがある。

「2018年に大谷選手が登場したことでこの言葉が定着し、次々と選手たちが二刀流に挑戦する

2023年からの二刀流挑戦を表明していたバードゥーゴ選手だが、その気配はない

事態に。たとえば、レッドソックスのアレックス・バードゥーゴ選手(外野手)、タイガースのマイケル・ローレンゼン選手(投手)ら。エンゼルスだけでも5人が二刀流をやるような話もありました。でも、実際は誰もやっていない。いざやろうとしたときに、大変さがわかるのだと思います。大谷選手がデビューして6年経ちましたが、次の二刀流選手は誕生していません。いつかは続く選手が出るかもしれませんが……」(福島氏)

17 先発降板後もDHとしてプレー可能
大谷ルール

NPBでも今季から導入

投打二刀流をこなす選手が「先発投手兼DH」の場合、投手として降板した後もDHとしてプレーできるルールのこと。先発以外にこのルールは適用されない。大谷選手が2018年にMLBでデビューしたことがルール制定の契機となり、2021年のオールスターで採用され、昨季からシーズンでも運用されている。

NPBでも今季から「大谷ルール」を導入。パ・リーグでは今後活用される可能性もある。

「大谷選手は新ルールができるくらい野球を変えた存在。ベーブ・ルースの登場でMLBは機動力野球から本塁打が花形に。野球のすべてを変えたのです。その意味でも、大谷選手は現代版のルースと言えます」(福島氏)

16 投球の「キレ」を示す数値
スピンレート

回転数が多ければ打たれにくい

球のスピン量を示す用語。野球だけではなく、物理学の計算上でも使用され、単位は1分間の回転数として「rpm」として換算する。

いわゆる球のキレに関連するといわれ、フォーシームでは、6月2日終了時点でクラーク・シュミット(ヤンキース)が平均2541で両リーグトップ。スライダーではダルビッシュ有選手(パドレス)が2818で同2位、スイーパーを操る大谷選手は2578だ。「スピンレート革命」なる言葉も生まれた。

「スタットキャストにも掲載されているデータです。ボールのスピン量、つまり回転を増やすことで、より打たれないボールを選手たちが研究し始めた結果だと思います」(福島氏)

今季3Aで運用開始
ロボット審判 18

球速アップで人間の眼は限界!?

ストライク、ボールの判定を複数方向から撮影した高精度カメラの映像でコンピューターが行う審判システムのこと。従来の球審は、その「弾道測定器」のトラッキング情報をイヤホンで聞き、動作などで判定結果を示す。

すでに2019年から独立リーグなどで試験的に導入され、今季はMLB傘下の3Aで運用されている。特徴は“高低のストライクゾーンが広い”こと。ストライクゾーンぎりぎりの変化球がワンバウンドした場合、従来の審判は「ボール」と判定する場合が多い。しかし、ロボット審判は「ストライク」と判定する。

また、捕手に必要とされる能力も変わる。これまで、かつてヤクルトでプレーした古田敦也氏が得意とした「フレーミング技術」により、きわどい球をストライクにする技術を持つ選手もいた。しかし、ロボット審判導入となれば、その技術は評価されなくなり、強肩強打だけが重視されていくことになる可能性も。

「MLBでは誤審が多いといわれています。ロボット審判の導入は賛否両論ありますが、昔と違ってどんどん球速が速くなっている。人間が正しく判断できる限界に近づきつつあるのかも」(福島氏)

審判はイヤホンで機械の指示を聞く(2019年の独立リーグオールスター戦)

審判と投手のいたちごっこ
粘着物質 19

違反は10試合の出場停止処分

ロジンバッグなどを除き、球の回転数や変化量に影響を大きく与える物質のこと。MLBでは使用が禁止されているが、一部の投手が不正使用している疑惑があったため、2021年6月から取り締まりが強化された。

粘着物質の代表格は松ヤニ。ほかに高い粘着性のある日焼け止めクリーム、重量挙げの選手が使うような滑り止め「スパイダータック」。投手は1試合で2度、審判団から手とグラブ、帽子をチェックされる。

「スピンレートを上げるために付ける投手が出てきた。今季はヤンキースのヘルマン、メッツのシャーザーが『粘着退場』となり、10試合出場停止処分を受けています」(福島氏)

「投手・大谷」を象徴する変化球
スイーパー 20

曲がり幅が大きい高速スライダー

今年のＷＢＣで大谷選手が多投したことで、広く知られた変化球。握り自体はスライダーだが、投手によって肘の高さやボールの握りを変え、横滑りの大きな変化量を出している。

「今年から本格的にそう呼ばれていますが、いわゆる高速スライダーなので、過去にも使い手はたくさんいるんです。たとえば、ブルージェイズのエースとして活躍したデーブ・スティーブ。1980年代のメジャーを代表する投手で、9回2死からノーヒットノーランを逃し続けた男として有名です。ほかにはカブスで活躍したケリー・ウッド。彼らのスライダーは鋭く大きく曲がる“スイーパー”でしたね」(福島氏)

先発投手の早期降板を回避
ダブルフック 22

大谷選手がワリを食う制度か

次々と新制度をテストするMLB。ロボット審判、指名代走などのほかにも、「ダブルフック」と呼ばれる新DH制を独立リーグで試験運用している。

「先発投手が5回未満で降板する場合、スタメンのDHの枠に入るか、スタメンDH選手の次打席で必ず代打を起用すること、という内容です。先発投手をより長く投げさせるためのルールで、オープナー、ブルペンゲームをなくしていく流れです」(福島氏)

MLBで導入された場合、ほかの先発投手が5回未満で降板した場合、DHの大谷選手が巻き添えで交代させられることになる。先発陣に奮起してもらうしかない？

陸上競技選手が引っ張りだこに？
指名代走 21

独立リーグで試験運用中

代走専門で繰り返し出場できる選手のこと。MLBは今年4月、提携する独立リーグで指名代走の試験的導入を発表。現状は代走を出された打者はその後出場できないが、指名代走ではそれぞれ試合に復帰できる。

過去に、1912年ストックホルム五輪の十種競技金メダリスト、ジム・ソープがジャイアンツで外野手としてプレーしたことも。

「昔は、陸上選手を代走専門で入団させたこともあった。日本でもロッテ・オリオンズが五輪2大会連続出場の短距離選手、飯島秀雄さんを代走専門で採用していたことがありました。3年間で23盗塁。指名代走は今後、本格的に採用されると思います」(福島氏)

数々のレジェンドも経験
「野手登板」規制 23

増えすぎて今季からルール厳格化

点差の開いた試合で、野手が投手として登板する際のルールが今季から厳格化。これまでは延長戦以外で6点差以上離れた試合で認められていたが、今季からリードしている側は10点差以上、リードされている側は8点差以上の開きがなければ登板できないルールに変更された。

とはいえ、MLB公式Twitterでは過去に「歴代最高の野手登板」の投票を実施したこともある。その1位がイチロー(当時マーリンズ)だ。2015年10月14日のフィリーズ戦で、1回2安打1失点。スライダーで空振り三振を奪うなど高校時代に投手を務めた片鱗を見せ、投票では1万6912票と過半数を占めた。

一方で、MLBは野手登板激増を看過できなかった。1990年代には10年間で57回だったが、2021年は1年間で89回、そして昨季は132回と増加傾向にあった。

昨年5月、13点リードの9回に登板したプホルス。2本塁打を浴びるなど1回3安打4失点

「点差が開いた試合の登板は、もともとは控え投手の役割だったのですが、投手を休ませるという意味で野手が登板するように。昨季は昨シーズン限りで引退したアルバート・プホルス選手が登板したことも。ただ、ファンとしては楽しみな部分でもあるのですが……」(福島氏)

24 同一シーズンに全球団が対戦
ニュー(バランス)スケジュール

大谷効果で「夢の対戦」実現へ

「ＭＬＢにおける“新しい対戦”のことです。今季からインターリーグ（交流戦）が20試合から46試合に増え、各チームが同一シーズンに全球団と対戦することに。これも、ある意味“大谷ルール”なんです」（福島氏）

インターリーグの試合が増加したことで、同地区の対戦は76試合から52試合に減少。これは実は、MLB試合中継のテレビ視聴率、観客動員の向上が狙いなのだという。

「毎年、定期的にスター選手を全米で見てもらう。夢の対戦をいろいろな場所で実現していこうということが目的です」（同前）

25 MLBの「開拓精神」は死なず
エクスパンション

近い将来、32球団になる!?

英語では「拡張」、球界では新規球団増設を意味する。1960年当時、MLBは2リーグ16球団だったが、1961年から6回のエクスパンションを経て現在の30球団に。最新のエクスパンションは1998年で、ア・リーグにデビルレイズ（現レイズ）、ナ・リーグにダイヤモンドバックスが誕生した。

「今後、32球団に増やす見通しです。候補地はナッシュビル、ソルトレークシティ、メキシコシティ、モントリオール。アメリカはＭＬＢだけでなく国そのものが常に『規模を大きくしよう』という発想をします。野球も東部から西部へ、そして全米に広がりました。開拓精神は今も不変です」（福島氏）

26 加速するＭＬＢの世界戦略
ワールドツアー

2025年には東京で開幕シリーズか

MLBが公式戦を世界規模で行う遠征のこと。日本では2019年3月、アスレチックス対マリナーズの試合が東京ドームで開催された。イチロー氏の引退試合であり、2002年の日米野球以来10年ぶり、そしてマリナーズのユニホーム姿では公式戦初のとなる凱旋《がいせん》に日本のファンは酔いしれた。

近年、MLBは海外での試合開催に力を入れており、今年6月にはロンドンでカブス対カージナルスの試合が行われる。この「ロンドンシリーズ」は4年ぶり2回目。メキシコシティでは今年4月、パドレス対ジャイアンツが2試合開催され、これを含め4年連続で同地での開催が予定されている。2025年にはフランス・パリ、プエルトリコでも同年から2年連続開催を視野に入れているという。

「世界戦略の一環です。来年は韓国でパドレス対ドジャースの開幕シリーズを行う予定です。今後、エクスパンションの候補都市でも開催していくと思います。メキシコシティやプエルトリコでの開催がまさにその文脈です」（福島氏）

2025年には東京でＭＬＢ開幕シリーズが開催されるという報道も。再来年にはMLBのユニホームを着た大谷のプレーを生で観戦することができる!?

2019年の「ロンドンシリーズ」では当時ヤンキースの田中将大投手が登板（対レッドソックス）。２試合で約12万人の観客を動員した

27

歴代1位は「マイク・トラウト」

大型契約

大谷が「5億ドル」の壁を超える!?

MLBスター選手が球団と交わす、超高額の長期契約のこと。MLBの大型契約はスケールが大きい。歴代1位はシーズンMVP3度獲得のマイク・トラウト（エンゼルス）。2019年にエンゼルスと12年総額で4億2650万ドル（約584億3000万円）の契約を結んでいる。

「昨年7月、フアン・ソトがナショナルズから が14年総額4億4000万ドル（約600億円）を提示されて断り、“歴代1位”にはなりませんでしたが、日本とはスケールが違います」（福島氏）

今季オフは大谷選手の動向が注目されるが、前人未到の「総額5億ドル（約685億円）」の壁を突破するか。

28

優勝の可能性が消えれば大谷も!?

トレード期限

FAの高額年俸選手が対象

MLBは今季、8月1日に各球団の選手放出、獲得が可能なトレード期限を迎える。注目はまさに大谷選手、その人なのだ。

「シーズン後にFAとなる高額年俸選手は、チームに優勝の可能性がなくなれば通常は放出されます。つまりエンゼルスの成績次第では、大谷選手もトレードに出される可能性があるんです。トレード期限前は各球団GMにとって一番の腕の見せどころ。トレードを成功させたチームにワールドシリーズ進出のチャンスがあるといっても過言ではありません。GMのクビがつながるかどうか、というところでもあります」（福島氏）

エンゼルス、ミナシアンＧＭの胸中は――。

29

ついに“聖域”も解禁に

ユニホーム広告

MLB広告戦略の最新事情

今季からMLBではユニホーム広告を解禁した。日本の野球を見慣れたファンにとっては初めてであることにむしろ驚くところだが、MLBにとってはエポックなことなのだ。

「MLBではもともと球場にも広告がありませんでした。広告収入戦略として、スタンドなどに看板が増え、芝生やマウンドの上も利用されるようになり、聖域とされたユニホームの袖にもパッチが付いた。ＭＬＢの収入は第一に入場料、第二に放映権料、そして現在は広告の開拓に余念がありません。ネット放送の影響があるのかもしれません」（福島氏）

名門レッドソックスも採用したがヤンキースだけは、「頑なにやらないでしょう」（同前）。

30

現場、フロントに女性が進出

女性GM

これぞ本場の「多様性」

2020年11月、マーリンズのGMに女性のキム・アング氏が就任した。MLBでは女性初のGMとなる。インターン時代からMLBに携わり、そのキャリアは30年。ヤンキース、ドジャースでGM補佐を経ての就任だった。

「女性のコーチ、監督も誕生しています。ジャイアンツでは2020年、アリッサ・ナッケン氏が女性で史上初のフルタイムのコーチに就任。2022年1月、ヤンキース傘下１Aタンパ・ターポンズの監督にレイチェル・バルコベック氏が就任。アストロズはサラ・グッドラム氏を選手育成部門の部長に起用しています。コーチスタッフとして女性を採用している球団もあります」（福島氏）

大谷翔平とMLBが100倍好きになる本

2023年7月10日　第１刷発行

監修　福島良一
発行人　蓮見清一
発行所　株式会社 宝島社
〒102-8388　東京都千代田区一番町25番地
（営業）03-3234-4621
（編集）03-3239-0646
https://tkj.jp
印刷・製本　中央精版印刷株式会社

Printed in Japan
ISBN 978-4-299-04411-2